QUÉ SERÁ DE NOSOTROS

Cómo la IA transforma la humanidad

QUÉ SERÁ
DE NOSOTROS
Cómo la IA transforma la humanidad

Juan Antonio Valor Yébenes

Prólogo de Markus Gabriel

PLAZA Y VALDÉS

EDITORES

Primera edición, 2025

© Juan Antonio Valor Yébenes, 2025
© del prólogo, Markus Gabriel, 2025
© Plaza y Valdés Editores, 2025

Plaza y Valdés, S. L.
Paseo del Rey, 4
28008, Madrid (España)
☎ (34) 918126315
madrid@plazayvaldes.es
www.plazayvaldes.es

Diseño de cubierta: María Rosa Encinas

ISBN: 979-13-87880-01-9
D. L.: GR 1295-2025

THEMA: TB/UB/TCB/UYZ/PDR

Imprenta: Kadmos
Impreso en España - *Printed in Spain*

Papel 100 % procedente de bosques gestionados de acuerdo con criterios de
sostenibilidad.

Para Nieves

ÍNDICE

Prólogo 13

Prefacio 17

1. La red 23

2. Inteligencias *prêt-à-porter* 29
   Inteligencias listas para descargar y usar 31
   ¿Y qué decir de la conciencia? 36
   Máquinas y organismos 40

3. Realidad fluida 45
   Un mundo sin esencias 48
   Toda la verdad sobre la verdad 52

4. El origen 59
   La intuición 61
   Máquinas computadoras 67
   Algoritmos, recursión y emergencias 70
   El amor es una emergencia 78
   El éxito de un fracaso 81

5. La guerra 87
   Bletchley Park 89
   Una ilusoria sensación de superioridad 92
   El juego de la imitación 97
   ¿Inteligencia de quién? 100

6. Todos contra Turing 103
   Utopía transhumanista 105
   La IA es incapaz de cambiar el sentido de los hechos 110
   La IA no tiene identidad personal 114
   La IA no tiene libertad ni responsabilidad 120
   La IA no tiene imaginación 127
   La habitación china 134

7. Otras mentes 139
    La tierra prometida 140
    Las máquinas saben comportarse 144
    Homer Simpson y otras mentes 148

8. Bienvenidos al este de Tennessee 153
    El Proyecto Manhattan 153
    Las aventuras de la abeja Maya 155
    Todo es fruto de la casualidad 162
    La naturaleza es ciega 167

9. Qué será de nosotros 171
    Ciencia sin conciencia 173
    Upgrade 1 177
    Upgrade 2 178
    Upgrade 3 180
    Upgrade 4 183
    Esta vez es diferente 187

10. Corren tiempos de cambio 193
    Incertidumbre laboral 194
    La máquina de la desigualdad 197
    Lo que las previsiones dicen 200
    La sabiduría de los luditas 203

Epílogo. Robots humanoides y otras criaturas 209
    Nuestra responsabilidad ante la inteligencia artificial 210
    Fascinación por los autómatas 213
    Todas las criaturas 215

PRÓLOGO

Markus Gabriel

Existen libros que no solo se leen, sino que se piensan. *Qué será de nosotros. Cómo la IA transforma la humanidad,* de Juan Antonio Valor Yébenes, pertenece sin duda a esta rara categoría. No es una obra más dentro del interminable flujo de textos sobre la inteligencia artificial; es, antes bien, un documento filosófico de nuestro tiempo: una meditación sobre lo que significa ser humano cuando el propio pensamiento ha comenzado a externalizarse en las máquinas.

Valor Yébenes logra algo que incluso muchos filósofos profesionales rara vez consiguen: entrelaza la dimensión técnica, histórica y ontológica de la inteligencia artificial hasta conformar una visión unitaria. Sus reflexiones viajan desde Turing hasta el presente, desde la máquina hasta el alma, desde el algoritmo hasta la naturaleza. Revela así que aquello que llamamos «inteligencia» no es una propiedad exclusiva del ser humano, sino un patrón emergente que se expresa en la materia, en la vida y, ahora, también en la técnica.

Este libro no es ni tecnofóbico ni tecnólatra. Piensa desde el centro mismo de nuestra época: ese momento en el que, al dotar a las máquinas de inteligencia humana, comenzamos a concebirnos a nosotros mismos como máquinas. Lo que el autor describe como una «realidad fluida» es, en efecto, la condición contemporánea: un mundo en el que lo sólido, lo que antes llamábamos «esencia», se disuelve en procesos, flujos de datos y decisiones automatizadas.

Comparto con Valor Yébenes la idea de que la inteligencia artificial se ha convertido en un espejo mágico de la humanidad. En ella se refleja todo lo que somos, no como un retrato fijo, sino como un mosaico dinámico de nuestras micro y macrodecisiones. Cada clic, cada búsqueda, cada imagen compartida es un diminuto acto de autoescritura colectiva que deja su huella en las redes neuronales de las máquinas. Este inmenso depósito de datos constituye la memoria sintética de la especie, un espejo que no solo nos muestra, sino que nos transforma.

Porque ese espejo no es pasivo: nos devuelve una imagen que empezamos a imitar. Al contemplarnos en él, adoptamos sus gestos, sus modos, sus juicios. La humanidad se está reconfigurando a sí misma conforme al reflejo algorítmico que ella misma produce. En este proceso de retroalimentación —en el que entrenamos a las máquinas y ellas, a su vez, nos entrenan—, el ser humano corre el riesgo de convertirse en el algoritmo de sus propios hábitos.

El análisis de Valor Yébenes es filosóficamente riguroso y, al mismo tiempo, profundamente humano. Nos recuerda que las grandes preguntas de la modernidad —¿qué es la razón?, ¿qué es la conciencia?, ¿qué es la verdad?— no han desaparecido: simplemente han cambiado de escenario. Hoy ya no las planteamos ante los dioses ni ante la naturaleza, sino ante las máquinas que nosotros mismos hemos construido.

La tesis de que la inteligencia artificial no hace más que exteriorizar nuestro propio pensamiento nos conduce a una constatación inquietante: estamos fabricando un retrato mecánico de la humanidad sin comprender realmente su funcionamiento. En los algoritmos y modelos de aprendizaje profundo se sedimentan nuestras creencias, prejuicios, deseos y temores. La humanidad está escribiendo, sin saberlo, una segunda copia de su espíritu (una hecha de datos y códigos), y esa copia comienza ya a escribirnos de vuelta.

Por eso este libro es urgente. Nos invita a asumir la responsabilidad por el reflejo que proyectamos en ese espejo digital. La inteligencia artificial no es un ser ajeno ni un demonio venido del futuro, sino una forma técnica de nuestra propia autointerpretación. Lo que enseñamos a las máquinas es, en el fondo, lo que creemos ser.

Qué será de nosotros no plantea una pregunta sentimental, sino ontológica. Nos interpela acerca de la base misma de nuestra existencia en una época en la que el ser humano se ha convertido en el medio de su propia simulación. El texto de Valor Yébenes es un manifiesto de lucidez: nos urge a comprender las condiciones de nuestra nueva inteligencia antes de que ella nos transforme sin darnos cuenta.

Quizá nos encontremos, por primera vez en la historia, ante una mirada verdaderamente ajena: la del Otro algorítmico, surgido de nosotros mismos. Si comprendemos que este Otro no es más que nuestro propio reflejo, podremos inaugurar una ética de la autoconciencia digital.

Ahora bien, ese espejo, como todo espejo verdaderamente mágico, cambia su naturaleza a través de nuestro trato con él. Cada vez que nos transformamos al mirarnos, los datos sobre nosotros cambian, y esos datos modificados vuelven a transformarnos. Se produce así lo que Hegel denominó un «círculo de círculos»: un juego de espejos en el que el reflejo genera al reflejado y viceversa. La inteligencia artificial encarna esta dialéctica, convirtiéndose en una lógica interactiva y corpórea de la paradoja del autoconocimiento: un pensamiento que se piensa a sí mismo a través de nosotros, objetivado en los circuitos eléctricos de internet y de la IA interconectada. En esta materialización técnica se instituye un espíritu objetivo mecánico, una institución que nos regula sin que aún sepamos cómo nuestras democracias y demás estructuras políticas podrán derivar de ella una ética capaz de establecer las normas del nuevo tiempo de la inteligencia artificial.

En este sentido, *Qué será de nosotros* es un libro necesario. Nos recuerda que el futuro no comienza en el código, sino en la responsabilidad que asumimos por la imagen de lo humano que estamos inscribiendo en él.

PREFACIO

Desde hace ya unos años no pasa un solo día sin que aparezcan en los periódicos y en los medios de comunicación noticias relacionadas con el uso de la inteligencia artificial y sus consecuencias. La inteligencia artificial lo invade todo, ha penetrado en cada rincón de nuestra vida casi sin darnos cuenta, y la mayor parte de nuestras actividades cotidianas no podrían llevarse a cabo sin ella. Está permanentemente presente en las aplicaciones de nuestros móviles y nuestros ordenadores, en nuestros televisores, coches, sistemas de transporte, bancos, finanzas, administraciones públicas, sanidad, educación, etc. Y en pocos años estará incrustada en nuestra casa, nuestros electrodomésticos, en el carrito de la compra, en anillos, pulseras, relojes, en órganos biónicos como brazos, piernas, ojos, oídos, corazón, riñón, pulmones, e incluso llegará a nuestro cerebro, generando y activando nuevas redes neuronales y haciendo posible la comunicación con humanos y máquinas solo mediante el pensamiento. Y todo esto será nada más que el comienzo del comienzo de un nuevo mundo.

Pero siendo mucha la información que recibimos todos los días en relación con la inteligencia artificial, son pocos los que conocen a fondo qué es, cuándo surgió, qué problemas trató de resolver, cuál era el debate intelectual que había en el momento de su nacimiento, cómo será el mundo que resulte de su uso intensivo y, lo más importante, qué será de nosotros.

Estas cuestiones me llevaron hace más de un lustro a estudiar la inteligencia artificial desde su origen, antes incluso de que el término «inteligencia artificial» significara algo concreto, cuando era solo una vaga expresión en la boca de algunos matemáticos de Cambridge. Corría el año 1934 cuando Alan Turing terminaba sus estudios de matemáticas y comenzaba a interesarse por las novedosas ideas que desde hacía treinta años se discutían en Alemania y Francia acerca de lo que debía ser el futuro de la disciplina. Como suele ocurrir en estos casos, lo que se discutía tenía más calado de lo que parecía a simple vista. En el fondo, se estaba considerando la posibilidad de que la ciencia y la matemática fuesen hechas por máquinas. Hoy son pocas las cosas que nos asustan, pero pongámonos en la época y pensemos que, desde Pitágoras, que vivió en el siglo VI a. C., hasta el siglo XX una larga tradición filosófica, que arranca en la antigua Grecia, pasa por la cultura romana, árabe y medieval, y llega hasta el pensamiento moderno y contemporáneo, había considerado que la matemática es el producto más refinado y excelso del conocimiento humano, y lo que hace que seamos seres privilegiados y centro de la «creación», más cercanos a los dioses que a los animales. En este contexto, pensar en máquinas capaces de hacer matemáticas no era solo pensar en complejos artilugios que sirviesen de ayuda para acelerar el progreso científico, sino en máquinas que desarrollaran tareas atribuidas desde siempre y en exclusiva a la inteligencia humana. Esta idea lleva aparejada una serie de preguntas que nos deslizan por una peligrosa pendiente. En primer lugar: si las tareas que requieren inteligencia humana son realizadas por máquinas, ¿tendremos que reconocer inteligencia también a las máquinas? En segundo lugar: si las máquinas tienen inteligencia, ¿con qué derecho podremos seguir diciendo que los humanos somos seres privilegiados y centro de la creación? Tercero: si las máquinas alcanzan inteligencia procesando algoritmos en microchips de silicio, ¿también la inteligencia humana surge mediante el procesamiento de algoritmos en una base biológica que no está hecha de silicio sino de carbono? Y cuarto: si los humanos procesamos algoritmos como las máquinas, ¿también los animales, las plantas y todos los seres de la naturaleza son, en definitiva, procesadores de algoritmos?; y si lo son, ¿tendrán algún tipo de inteligencia?

En 1934 tanto Turing como la mayor parte de los mejores matemáticos estaban convencidos de que los humanos desarrollábamos tareas imposibles para las máquinas y que la inteligencia era un rasgo exclusivo del alma humana. De esta manera, nuestra hegemonía en el universo quedaba garantizada. Pero algo hizo cambiar de opinión a Turing, algo que no le ocurrió solo a él, sino a toda Gran Bretaña: la Segunda Guerra Mundial. En el canal de la Mancha los submarinos alemanes estaban hundiendo toneladas de suministros que necesitaba Gran Bretaña, y el gobierno británico reaccionó reuniendo en Bletchley Park, un pequeño pueblo alejado de Londres, a un grupo de criptoanalistas y matemáticos, entre los que se encontraba Turing, para intentar descifrar las comunicaciones de los submarinos. El trabajo de Turing y sus colaboradores dio origen a las primeras máquinas computadoras, que resultaron determinantes en el desarrollo de la guerra y en la victoria final de las tropas aliadas. Fue entonces cuando Turing tomó conciencia de las enormes posibilidades que ofrecían los sistemas computacionales.

Pasada la guerra comienza a pensar en la construcción de máquinas inteligentes. En 1950 publica su famoso artículo «Maquinaria computacional e inteligencia», en el que se atreve a afirmar que a comienzos del siglo XXI habría máquinas que se comportarían como humanos. Con ello no trataba de predecir el futuro de la humanidad, sino más bien embarcar a las sucesivas generaciones de científicos en un proyecto, que debería extenderse durante muchas décadas, consistente en reducir los comportamientos humanos a algoritmos, y en idear máquinas capaces de procesarlos. De esta manera conseguiríamos máquinas que se comportasen exactamente como los humanos, es decir, máquinas inteligentes. Fue un poco más tarde, en 1956, cuando ese proyecto recibió el nombre concreto de «inteligencia artificial».

Pero Turing no solo veía que la inteligencia humana se podía reducir a algoritmos, sino que todo en la naturaleza era el producto de algoritmos que se repetían de forma incesante en todos los niveles y por todos los rincones, desde los elementos más simples hasta la formación de órganos, plantas, animales y todos los fenómenos naturales. La formación de las líneas de costa, los terremotos, los huracanes, las cadenas montañosas, las olas del mar, el ritmo cardiaco, las proteínas, los panales de abejas, los vasos sanguíneos, un corazón, un pulmón… son el resultado de la frenética actividad de algoritmos muy simples y repetitivos. Toda la naturaleza, en definitiva, se comporta como una inmensa máquina computadora capaz de procesar algoritmos de una manera brutal. Por consiguiente, lo que Turing comprendía, hace ahora ochenta años, es que la inteligencia no es el resultado de un ingrediente mágico, llamémosle mente o alma, que tenemos en exclusiva los humanos y que nos emparenta con los dioses, sino que es el producto de algoritmos que operan en los niveles inferiores de la naturaleza y siguen operando en niveles superiores hasta que surgen las plantas, los animales, los humanos y, cuando se da el suficiente nivel de complejidad, la inteligencia.

El proyecto que Turing propuso en 1950 ha avanzado tal y como imaginó. Cada vez son más los procesos que se reducen a algoritmos ejecutados por máquinas, las cuales aumentan su potencia conforme aumenta su velocidad de procesamiento y su capacidad de almacenamiento. A través de la inteligencia artificial y el despliegue de la red de internet hemos conseguido una automatización que ha transformado por completo nuestro mundo, nuestra manera de vivir y pensar, nuestras relaciones personales, sociales, políticas y económicas, incluso la concepción que tenemos de la naturaleza y de nosotros mismos. Todo ello hace que surjan nuevas posibilidades, inimaginables hace tan solo dos o tres generaciones. Pero también nos enfrentamos a nuevos retos, que ahora adquieren una dimensión planetaria: está cambiando nuestra estructura social y política, la manera de ejercer la democracia, nuestra relación con el trabajo, están surgiendo nuevas superpotencias globales, nuevos focos económicos ligados al desarrollo tecnológico, nuevas desigualdades… En el fondo todas estas cuestiones remiten al mismo problema, que es el de cómo definir lo humano en un mundo en el que las viejas definiciones que nos dio la modernidad y la Ilustración ya no valen, sencillamente porque el desarrollo de la inteligencia artificial está haciendo que las diferencias entre humanos y máquinas desaparezcan. Por ello, en el presente trabajo propongo al lector una reflexión sobre el complejo momento que estamos viviendo, en el que el viejo mundo está desapareciendo y el nuevo no acaba de aparecer. Ahora que sabemos que el futuro no es lo que fue, es urgente preguntarnos qué será de nosotros.

1. LA RED

En poco tiempo estaremos rodeados de máquinas inteligentes. Vivirán entre nosotros, con nosotros y en nosotros. Fuera y dentro, formando parte de nuestro entorno, nuestro cuerpo e incluso de nuestra mente. Viviremos conectados unos cerebros con otros, unas mentes con otras, cerebros con dispositivos externos, dispositivos externos entre sí. Hay dos pasos en esa comunicación directa: primero, nuestros cerebros se conectarán a máquinas computadoras y podremos hacer que sucedan ciertas cosas solo con pensar en ellas: dirigiré mi pensamiento a la cafetera y se hará el café, a la nevera y se abrirá la puerta, al techo y se encenderá la luz, a la televisión y veré el programa seleccionado. Después, mi cerebro se conectará directamente con otros cerebros, de tal manera que nos comunicaremos con los demás como nos comunicamos con nosotros mismos, solo a través del pensamiento, sin tener que verbalizar nada y sin recurrir a signos lingüísticos. Pensaré en un paisaje y podré transmitir ese pensamiento directamente a mi pareja y a mis hijos; de la misma manera podré transmitir mis recuerdos, mis deseos, mis compromisos o mi agenda diaria. Supongo que toda esta tecnología se llevará inmediatamente al terreno de la sexualidad para compartir experiencias o incluso imágenes, directamente o accediendo a la nube donde alguien las ha archivado. La industria pornográfica florecerá de una manera que es difícil de imaginar.

Hoy resulta increíble, pero recordemos que hasta 1991 en internet estaban prohibidas las empresas comerciales. Internet se había hecho para investigar, no para comerciar, ni para enriquecerse, así que en ese espacio no tenían sentido las ventas o los anuncios. Se favorecía su uso para instituciones públicas, el ejército, las universidades o los laboratorios de investigación, y explícitamente se prohibía para «negocios privados o personales».

Turing, el pionero de la inteligencia artificial, cuando tenía veinticuatro años y era tan solo un becario en Cambridge tuvo la idea de conectar máquinas para intercambiar información entre ellas y modificar así su configuración. Las llamó *c-machines*. Pero fue Ted Nelson el primero en concretar y desarrollar la idea. Cuenta Kevin Kelly que en 1984 se reunió con él en un oscuro bar cerca del puerto de Sausalito, en California. Por aquel entonces, Nelson vivía en un barco que había alquilado, rodeado de libros, papeles sin clasificar y notas sueltas. Con un bolígrafo colgado de su cuello por una cuerda le explicó, dibujando esquemas en los papeles que sacaba de sus bolsillos, una manera de organizar todo el conocimiento de la humanidad. La solución pasaba por picar tarjetas para tomar apuntes, creando de esta manera referencias cruzadas que automáticamente dirigen a otros documentos que pueden estar en otros ordenadores. Hablaba de enlazar textos con textos, de estructuras que permiten crear, agregar y compartir información de diversas fuentes; hablaba de hipervínculos y de hipertextos que permitirían construir una inmensa red mundial de conocimiento que nos salvaría de la estupidez.

A partir de aquí todos conocemos la gran historia: miles de empresas e instituciones comenzaron a conectarse y generar contenido en red, de inmediato se desarrollaron los intercambios comerciales y los usuarios se convirtieron en consumidores. Pero lo que no supimos ver es que los miles de millones de usuarios también se convertirían en creadores de contenido para los demás usuarios, haciendo crecer la red rápidamente y por todos lados. Esa cosa llamada internet permitió que los consumidores pasivos se convirtieran en creadores activos, generando un nuevo tipo de participación, que desde entonces ha dado lugar a una nueva forma de pensar, una nueva cultura, un nuevo mundo. No pudimos ni imaginar lo ocurrido: lo que iba a ser una enciclopedia universal accesible para todos se ha convertido en un nuevo hábitat formado por dos mil millones de sitios web accesibles y más de quince mil millones de conexiones de objetos cotidianos, que se duplicarán antes de 2030. No solo personas, sino relojes, pulseras y anillos inteligentes, electrodomésticos, automóviles, equipos industriales, infraestructuras urbanas, dispositivos de entretenimiento, etc. recopilan e intercambian datos, los analizan y toman decisiones. El 20 de diciembre de 1990, Tim Berners-Lee publicó en línea la primera página web, http://info. cern.ch/, que todavía sigue activa, y a finales de 1993 solo había seiscientos veintitrés sitios web, así que el nuevo mundo de internet ha sido creado ¡en poco más de diez mil días!

Resulta sorprendente la manera en que los humanos asimilamos los cambios, a la vez que nos insensibilizamos ante la llegada de novedades. Actualmente, desde la pequeña pantalla de nuestro teléfono móvil podemos acceder a toda la música existente, a las predicciones meteorológicas, a imágenes en tiempo real de cualquier lugar del planeta, a programas de televisión, podemos operar en los bancos y las bolsas de todo el mundo, comprar en tiendas, consultar documentos de bibliotecas, asistir a encuentros deportivos, acceder a la historia de la humanidad, y todo de manera inmediata. Tenemos en nuestras manos una ventana mágica por la que hubieran matado todos los reyes del pasado. Incluso hace veinte años nos hubiéramos sorprendido al escuchar algo así. Recordemos que el primer iPhone se lanzó el 29 de junio de 2007. Lo que nadie pudo prever es que el nuevo mundo no sería creado por los gobiernos, ni por las grandes instituciones, sino por los usuarios de Facebook, YouTube, Instagram, Twitter, Amazon, y por todos los millones y millones de usuarios que en cada segundo transitamos por las páginas web.

Dentro de treinta años la red no será mejor ni más amplia, sino algo completamente distinto. No ha ocurrido nada aún, porque nos hallamos al comienzo del comienzo. Estará formada por nuestro pasado, abarcará todo el presente y se anticipará a nuestras decisiones para construir discretamente el futuro. Estará disponible y permanentemente presente como una sombra, como el subconsciente colectivo, como el murmullo de una eterna conversación. Veremos el mundo a través de nuestras lentillas conectadas, lo ordenaremos a través de patrones descargables y actualizables, hablaremos telefónicamente con avatares en red semejantes a nuestros amigos o familiares, veremos nuestras películas mirando a la pantalla que se desplegará en nuestro campo de visión…, y sonreiremos al recordar lo rudimentario que era internet en el año 2025.

Pero hoy ya sabemos que lo que hace que prenda la llama de la inteligencia de las máquinas, grandes o pequeñas, electrodomésticos o industriales, humanoides o monstruosas, es internet. Miles de millones de datos por segundo procesados a través de millones de conexiones por segundo hacen que en cada instante surjan nuevos mundos al tiempo que otros se hunden y desaparecen. El procesamiento de datos a través de algoritmos recursivos hace que las máquinas modifiquen continuamente sus estructuras computacionales y sus comportamientos. Nuevos datos generan nuevos cambios en las máquinas, que comienzan a operar de manera distinta a como lo hicieron hace solo un segundo, enajenándose de sus programadores, que inmediatamente pierden la trazabilidad de sus comportamientos. Definitivamente, las máquinas se independizan y de forma autónoma comienzan a crecer y desarrollarse en su hábitat, que es la red.

2. INTELIGENCIAS *PRÊT-À-PORTER*

Es un error creer que la inteligencia de las máquinas es como la inteligencia humana. La humana se encuentra en cada uno de nosotros. Cada uno somos una unidad inteligente por sí misma capaz de operar con independencia de todas las demás y del resto del mundo. Por eso decía Descartes que cada ser humano es una existencia autónoma y libre, y lo resumía en el famoso dicho: «pienso, luego existo», «je pense, donc je suis», «cogito, ergo sum».

A diferencia de lo que ocurre con la inteligencia humana, la inteligencia artificial no está en cada máquina, sino en la red. Un ordenador, un móvil, un coche o una aspiradora no son unidades inteligentes por sí mismas. La inteligencia está en ese brutal superorganismo que es internet, formado por millones y millones de microchips interconectados, transmitiendo y procesando datos a toda velocidad en cada millonésima de segundo. El superorganismo tiene dimensiones planetarias y una instantánea capacidad de transformación. Cualquier cacharro que sea capaz de conectarse a él compartirá una porción de su inteligencia y, a la vez, contribuirá con datos y procesamientos a que la red se haga más grande y poderosa. La inteligencia artificial no está en cada máquina, pero requiere para su existencia y desarrollo de la actividad continua y cambiante de todas las máquinas en todos los rincones del planeta.

En un futuro muy cercano, las máquinas no solo estarán conectadas entre sí, sino que también lo estarán directamente a siete, ocho, nueve mil millones de mentes, generando una inmensidad de zettabytes de datos procesados por millones de algoritmos. Máquinas y mentes permanentemente conectadas formaremos el mayor organismo vivo de la historia de la humanidad, que seguirá aprendiendo, creciendo, transformándose, haciéndose más grande. Se comportará como una superinteligencia distribuida, ubicua, siempre presente y, a la vez, a nuestra disposición bajo la forma de pantalla o proyección digital en nuestras manos, nuestras gafas, en las lentillas de nuestros ojos, en el parabrisas de nuestro coche o en los espacios holográficos de las ciudades. Contendrá todo el saber y la memoria de todas las bibliotecas, museos, centros de documentación, así como la actualidad de lo que ocurre en una sala de reuniones, en un juzgado, en una calle cualquiera, en un restaurante o en el Congreso de una nación, y las experiencias presentes y pasadas de todos los humanos conectados. El conocimiento y la inteligencia de cada uno de nosotros se ampliarán hasta difuminarse en horizontes sin contornos mientras la conexión de nuestra mente con el superorganismo se mantenga. Y a la vez seremos parte de la ingesta que lo engorda hasta convertirlo en un dios infinito, omnipresente y omnipotente.

En el año 2002, Kevin Kelly asistió a una fiesta privada de Google, cuando no era más que una pequeña compañía interesada en desarrollar un motor de búsqueda en internet. Tuvo una conversación con Larry Page, cofundador de Google, en la que le preguntó qué sentido tenía desarrollar otra empresa de búsquedas que, además, ofrecería el servicio gratis. Hoy somos capaces de entender la respuesta de Page como nadie lo era en aquel momento: «Bueno, en realidad estamos desarrollando una inteligencia artificial». Desde entonces, Google ha comprado empresas grandes y pequeñas de IA y robótica con el objetivo, declarado en los medios económicos más influyentes, de mejorar su motor de búsqueda. Sin embargo, la realidad no declarada es otra: por supuesto, a Google le ha interesado desde su creación mejorar su motor de búsqueda, pero con el fin último de mejorar su IA. Los miles de millones de búsquedas que cada día se producen en Google junto con los millones de enlaces que se cliquean generan el alimento necesario para nutrirla. Finalmente, el 6 de diciembre de 2023, después de más de veinte años de trabajo en la sombra, el departamento de DeepMind de Google presentó su primer modelo «grande» de IA, sucesor de LaMDA y PaLM, con el nombre de Gemini. No se puede decir que tras veinte años Google ha llegado al final del proyecto; Google sabe que el proyecto no ha hecho más que comenzar.

INTELIGENCIAS LISTAS PARA DESCARGAR Y USAR

Desarrollada la IA grande por alguna compañía y puesta a disposición de empresas y usuarios en la red, las máquinas y los humanos conectados a ella adquiriremos una pequeña porción especializada en alguna tarea y nos dotaremos de IA *prêt-à-porter*, es decir, de bajo coste y lista para descargar y usar. Por ejemplo, descargaremos alguna aplicación en nuestra mente y podremos escuchar en nuestro idioma las palabras emitidas en otro; la aplicación descargada en nuestro automóvil vigilará permanentemente la trayectoria que seguimos, los límites de velocidad, los vehículos y objetos que nos rodean, e incluso podrá tomar decisiones para evitar riesgos y asumir la conducción autónoma; otras aplicaciones nos aportarán información y análisis para tomar decisiones médicas y jurídicas, para mejorar nuestros sistemas informáticos, nuestras decisiones de inversión o los movimientos en una partida de ajedrez. Todo lo que fabriquemos tendrá una conexión que le permita engancharse a la IA grande y descargarse una inteligencia *prêt-à-porter* para mejorar su tarea: la televisión, la aspiradora, el robot de cocina, las máquinas industriales, las máquinas de radiografía o de pruebas de diagnóstico por imagen, semáforos, relojes, pulseras, zapatillas, ropa deportiva, etc. Cualquier cosa conectada al superorganismo dejará de ser solo materia inerte en el preciso momento en el que al descargar y ejecutar una aplicación el superorganismo le insufle vida inteligente.

Habrá tareas que pueda hacer autónomamente la máquina desconectada de la red cuando así lo queramos, otras las haremos nosotros mismos sirviéndonos de los datos, el procesamiento y las conclusiones aportados por la máquina conectada, y habrá otras tareas que haremos nosotros con nuestra mente conectada directamente a la red, ejecutando en ese momento alguna aplicación seleccionada entre la oferta de aplicaciones destinadas a *aumentar la inteligencia humana*. Dispondremos de un amplio catálogo de inteligencias para superponer a la nuestra, e incluso de nuevas formas de pensar, en función de las aplicaciones y paquetes disponibles en la red. Y en ese mundo de libertad y diversidad cognitiva será irrelevante distinguir entre la inteligencia propiamente nuestra y la descargada. Realmente, los humanos llegaremos a tener *inteligencia cíborg,* esto es, en parte natural y en parte artificial, que será distinta en cada momento y en cada lugar, dependiendo de las aplicaciones seleccionadas y descargadas en nuestra mente para resolver las tareas y los problemas que requiera la situación en la que nos encontremos.

Durante muchos siglos hemos considerado que la inteligencia es un rasgo exclusivo de nuestra especie, eso que nos diferencia de otros animales y del resto de la naturaleza. Lo cual ha justificado nuestra autoproclamada superioridad, nuestro dominio absoluto del planeta y nuestro desdén hacia los seres considerados no inteligentes o menos inteligentes. Esta enorme arrogancia nos ha llevado a concebir cualquier forma de inteligencia en términos humanos, es decir, a caer —una vez más en la historia— en un antropocentrismo que nos impide ver más allá de nuestras propias narices, porque no nos deja imaginar cómo serían otras mentes y otras inteligencias diferentes de la nuestra. ¿Por qué no puede haber una inteligencia no humana, ni mejor ni peor, ni mayor ni menor, ni superficial ni profunda, simplemente distinta? Si respondemos negativamente, es porque en lo más hondo de nosotros mismos sentimos miedo al pensar la posibilidad de encontrarnos otra inteligencia, ya sea animal, vegetal, artificial, o incluso extraterrestre, tan arrogante como la nuestra y más poderosa que acabe por someternos, o lo que es peor, por ignorarnos, como si fuéramos hormigas o cucarachas, o por convertirnos en meros objetos de observación y experimento.

No tomemos como patrón de medida la inteligencia humana; se puede ser inteligente de muchas otras maneras, que hoy somos capaces de barruntar precisamente a raíz del desarrollo de la inteligencia artificial. Por esta razón nos remueve tanto encontrarnos en medio de lo que ocurre en este brutal cambio tecnológico, sin parangón en la historia de la humanidad, al cual asistimos entre expectantes, atemorizados y desconcertados: comenzamos a ver comportamientos inteligentes en las máquinas que hasta ahora habíamos considerado exclusivos de los humanos, y esto nos lleva a pensar que quizá no seamos nosotros los únicos seres inteligentes; quizá haya más y quizá sean inteligentes de otra manera. Deberíamos considerar otras formas de inteligencia en las máquinas, los animales y, por qué no, las plantas.

Bien pensado, tiene razón Armen Avanessian cuando dice que hemos caído en una especie de confusión biomórfica similar a la de los inventores que utilizaban para volar alas o alerones atados a las extremidades, como si solo fuera posible volar simulando a los pájaros. Así como hemos aprendido a volar de una manera completamente distinta a como lo hacen los pájaros, aprenderemos a hacer inteligencias que funcionarán de una manera completamente distinta a como funciona la inteligencia humana, y aprenderemos a reconocer inteligencia en seres de la naturaleza que hasta el momento hemos considerado nada más que materia inerte. En el futuro hablaremos de muchas inteligencias, plenas, libres y diversas: inteligencias en los seres naturales, en los seres artificiales, inteligencias en red, inteligencias que podremos descargar y superponer a la nuestra para ampliarla y mejorarla, y otras que defenderán su autonomía y lucharán por que se las reconozca en pie de igualdad con la inteligencia humana.

Pero entonces, ¿qué es la inteligencia al fin y al cabo? Como no existe un consenso al respecto, cada uno preferirá una definición u otra en función de sus creencias, valores o ideología. Pero, en cualquier caso, la inteligencia siempre está relacionada con la resolución de problemas. Los humanos somos inteligentes porque resolvemos los nuestros, como las hiedras trepadoras, las termitas canadienses y las máquinas con IA resuelven los suyos. Cuando una circunstancia cualquiera impide hacer lo que en un determinado momento pretendemos, nos encontramos con un problema. Si nos quedásemos paralizados por el problema, hasta incluso dejar de existir, seríamos poco inteligentes. Pero lo que tenemos en común los humanos, las hiedras, las termitas y las máquinas dotadas de algoritmos de aprendizaje es que no nos paramos ante los problemas, intentamos resolverlos y somos capaces de superar las circunstancias y seguir viviendo. De una u otra manera, con mayor o menor complejidad orgánica o computacional, en organismos hechos de carbono y en otros hechos de silicio, ha surgido la inteligencia.

Construiremos inteligencias artificiales especializadas que harán tareas concretas mejor que nosotros, de una forma más rápida y eficaz. Pero eso no es todo lo que cabe esperar. Nuestras máquinas inteligentes más importantes serán las que piensen lo que nosotros no podemos pensar. De hecho, ya está pasando: se utilizan ordenadores para realizar complejas pruebas matemáticas que los matemáticos no pueden realizar por sí solos, y en física, en biología o en medicina descubren relaciones que no habíamos sospechado entre variables que nunca habíamos tenido en cuenta. La ciencia del futuro no la haremos los humanos, sino que la harán las máquinas. No dependerá de nuestras evidencias, ni tampoco del famoso método científico que puso en pie gente como Galileo, Newton o Einstein. En cualquier ámbito de investigación la IA aplicada, integrada y conectada a la IA grande será más fiable, porque manejará una inmensidad de datos inabarcable para los humanos y los correlacionará de una manera casi instantánea, acelerando un proceso de cribado de hipótesis que hubiera necesitado de siglos y del trabajo sostenido de muchas generaciones de científicos. ¡Quién nos lo hubiera dicho! Dejaremos la ciencia, que consideramos el producto más excelso de la inteligencia humana, en manos de las máquinas.

Debido al uso de las brutales series de datos en tiempo real y la aplicación de cascadas de algoritmos autocorrigiéndose, la nueva ciencia no será inteligible para nosotros. Todo ocurrirá como si una superinteligencia extraterrestre nos comenzase a revelar los secretos del universo. El método científico nos resultará algo pequeño y hasta ridículo, la reliquia de una modernidad que se autoproclamó ilustrada y que a la luz de los tiempos resultó ser nada más que otro episodio dogmático y antropocéntrico de la historia de la humanidad. Nada mejor que la inteligencia artificial para repensar nuestras creencias sobre lo que somos, la realidad, el mundo, nuestra identidad y nuestra manera de conocer. Por supuesto, nos obligará a hacer ciencia de forma distinta y a pensar de distinta forma sobre la ciencia.

¿Y qué decir de la conciencia?

Disfrutando de inteligencias *prêt-à-porter* de todo tipo y condición descargables en máquinas y en mentes, parece que hay un rasgo que diferencia la inteligencia humana de todas la demás: la *conciencia*. En el lenguaje habitual decimos «consciencia», con «s», y reservamos el término «conciencia» para hablar de la conciencia moral. Pero en estricto sentido, la tradición filosófica se refiere con el término «conciencia», sin «s», a dos capacidades de las que disfrutamos los humanos y solo los humanos. La primera es la capacidad de hacer algo o sentir algo y, al mismo tiempo, *saber* que lo estamos haciendo o sintiendo. Por ejemplo, me estoy lavando las manos y *sé* que me estoy lavando las manos y no, digamos, tocando el piano; estoy viendo una película y *sé* que estoy viendo una película y no, pongamos por caso, cortándome el pelo. Incluso ocurre lo siguiente: tengo hambre y *sé* que tengo hambre;

tengo sed y *sé* que tengo sed; tengo calor y *sé* que tengo calor. La misma tradición filosófica dice, sin dar mucha explicación al respecto, que un perro corre, pero *no sabe* que está corriendo, y come, pero *sin saber* que tiene hambre ni que está comiendo, o busca la sombra, pero *sin saber* que tiene calor ni que está buscando la sombra. Y lo mismo dice de las máquinas: un reloj da la hora, pero *no sabe* que está dando la hora; el robot aspirador que barre mi casa gira si se choca con la silla, pero *no sabe* que se ha chocado ni que está girando; el termostato de mi habitación apaga la calefacción si se supera la temperatura programada, pero *no sabe* que se ha superado la temperatura ni que está apagando la calefacción. El reloj, el robot aspirador o el termostato son, simplemente, máquinas que responden a través de mecanismos más o menos complejos a las circunstancias externas, de la misma manera que responde mi coche cuando piso el acelerador o mi lavadora cuando selecciono un programa de lavado y la pongo en marcha. Responden a través de un mecanismo, pero no tienen ninguna conciencia de lo que está pasando. Y lo mismo dice la filosofía a propósito de los animales: son como las máquinas, es decir, responden a través de los mecanismos biológicos de su cuerpo, pero no tienen ninguna conciencia de lo que hacen. Por supuesto, desde esta perspectiva ni las máquinas ni los animales tienen sentimientos, puesto que no se puede tener un sentimiento sin tener conciencia de él (por ejemplo: no puedo tener dolor sin tener conciencia del dolor; es más: si no tengo conciencia del dolor, entonces es que, simplemente, no tengo dolor).

En segundo lugar, el término «conciencia» se refiere a la capacidad de reflexionar sobre nosotros mismos para saber de nuestra propia existencia y de nuestra propia vida. En este caso hablamos de *autoconciencia*. Resulta que no solo existimos, sino que, a la vez que existimos, *sabemos* que tenemos una existencia que consiste en nuestra propia vida. No solo vivimos, sino que *sabemos* que estamos viviendo. También en este caso la filosofía dice que las máquinas, los animales, las plantas o las piedras existen, pero no *saben* que existen. Nosotros sí sabemos que ellos existen, pero ellos *no saben* de su propia existencia. Por ejemplo, un perro corre, come o duerme, pero en ningún momento *sabe* que está existiendo, como tampoco lo sabe el frigorífico de mi cocina.

La conciencia y la autoconciencia —en definitiva: ese *saber* de las cosas del mundo y de nosotros mismos— constituyen eso a lo que, desde la antigua Grecia de hace treinta siglos, venimos llamando *mente* o *espíritu*. El caso es que en nuestra cultura, de tradición griega y cristiana, hemos considerado que la conciencia es lo que define de modo pleno la mente y la inteligencia humana y, por consiguiente, que en rigor nada es inteligente excepto nosotros mismos, ¡únicos seres de la creación que tenemos conciencia y autoconciencia! Aunque observemos comportamientos inteligentes en las máquinas y ello nos lleve a reconocer en ellas algún tipo de inteligencia (como ocurre en el caso de los coches autónomos, los algoritmos de concesión de créditos bancarios o el ChatGPT), estamos menos dispuestos a admitir que las máquinas puedan llegar a tener conciencia, autoconciencia, mente o espíritu. Por ello, finalmente concluimos que las máquinas no son ni serán inteligentes en sentido pleno, que no alcanzarán el nivel de la mente y la inteligencia humana.

La idea que trato de defender a lo largo del libro es, precisamente, que no podemos descartar que la conciencia surja en máquinas suficientemente complejas y potentes. Por supuesto, no va a ocurrir que una mañana me encuentre con que mi lavadora y mi frigorífico han adquirido conciencia, entre otras cosas, porque el surgimiento de la conciencia requiere del desarrollo previo del lenguaje y, obviamente, los electrodomésticos no tienen lenguaje. Pero, como veremos más adelante, en 1950 Turing nos hizo creer que en el futuro tendríamos máquinas tan inteligentes como los humanos funcionando con algoritmos capaces de generar conciencia y autoconciencia, es decir, máquinas con una inteligencia plena similar a la humana, en definitiva, máquinas con mente. Y resulta que el futuro de 1950 es nuestro presente.

Esta idea nos lleva a otras relacionadas, que también trato de explorar en los siguientes capítulos. Si algoritmos suficientemente complejos y potentes hechos por los humanos nos permiten construir máquinas inteligentes conscientes y autoconscientes, podríamos pensar que la mente, la conciencia y la inteligencia de los humanos no provienen de un «soplo divino», sino de algoritmos suficientemente complejos y potentes hechos por la naturaleza, los cuales forman parte de nuestra estructura biológica. Con lo cual, la mente, la conciencia y la inteligencia no serían esa esencia especial y misteriosa que la filosofía y la religión han vinculado con el *alma,* sino productos de nuestros componentes materiales y biológicos. En tal caso, los humanos no seríamos seres privilegiados «emparentados con los dioses», sino simples seres de la naturaleza, semejantes a los demás seres naturales, aunque un poco más sofisticados.

Y esta segunda idea conduce a una tercera: si la biología humana ha generado mente, conciencia e inteligencia a través de algoritmos biológicos hechos por la naturaleza, quizá en los animales y en las plantas también haya algoritmos biológicos capaces de generar algún tipo de mente, conciencia e inteligencia. Turing insistía en que esto no es algo que se pueda descartar *a priori,* sino una posibilidad que tenemos que considerar seriamente. Hasta hace muy poco tiempo los humanos no estábamos dispuestos a reconocer inteligencia en los animales. Hoy lo estamos un poco más en el caso de algunos vertebrados, pero seguimos estando muy poco dispuestos a reconocer inteligencia —¡y mente!— en las plantas. Sin embargo, deberíamos contemplar la posibilidad de que la mente y la inteligencia no sean algo que se tiene o no se tiene, sino algo que se puede tener en un grado mayor o menor y de una forma u otra. En tal caso, podríamos pensar que hay mente e inteligencia en todos los seres naturales en mayor o menor grado y que desempeñan funciones en todos ellos de distintos modos y maneras.

En resumen, son tres las ideas que están relacionadas y trato de afrontar en estas páginas, intentando dejar atrás los prejuicios y los miedos que nos envuelven cuando pensamos en ellas:

1. No se puede descartar que la plena inteligencia, que incluye la conciencia y la autoconciencia, esto es, la mente, surja en máquinas dotadas de algoritmos suficientemente potentes hechos por los humanos.
2. Tampoco se puede descartar que la mente y la inteligencia humana estén producidas por algoritmos hechos por la naturaleza, los cuales se encuentran en la estructura de nuestra materia biológica.
3. Si estos algoritmos hechos por la naturaleza son capaces de producir mente e inteligencia en los humanos, cabe la posibilidad de que algoritmos similares sean capaces de producir mente e inteligencia en otros seres naturales, entre los que tenemos que incluir, por lo pronto, a los animales y a las plantas.

MÁQUINAS Y ORGANISMOS

Reconociendo el enorme valor y la peculiaridad de la conciencia, reconociendo incluso que es el rasgo que define con plenitud la inteligencia, tampoco hay que sobrevalorarla, porque puede haber inteligencia sin conciencia. Esa inteligencia será menos plena, pero más eficiente. Pensemos en lo siguiente: ¿para qué queremos inteligencias *prêt-à-porter* conscientes? La mayor parte de la IA es especializada, esto es, se construye para resolver unos problemas concretos y no otros. Por ejemplo, para reconocer caras, pero no canciones; o para pilotar un avión, pero no para evaluar nuestro estado de salud. En este contexto, que esas inteligencias puedan alcanzar estados conscientes y autoconscientes no supone ninguna ventaja, sino más bien una fuente de problemas, porque habrá una enorme cantidad de algoritmos en funcionamiento con frenéticos bucles de retroalimentación, procesando millones y millones de datos por segundo y generando distintas corrientes de conciencia y autoconciencia que, de alguna manera, habrá que valorar y priorizar. ¡Y todo ello mientras el avión está aterrizando o mi coche tomando una curva! Demasiado riesgo cuando de lo que se trata es de llegar al destino sano y salvo. Lo que esperamos de esas inteligencias no es que tengan un comportamiento humano, sino más bien que se concentren de manera *inhumana* en su tarea, resuelvan satisfactoriamente el asunto que tienen entre manos y que su capacidad de reflexión y autoconciencia quede limitada a la mínima expresión y, a ser posible, a cero.

Pero, con independencia de que seamos capaces de crear inteligencias artificiales que nos resuelvan los problemas con la máxima efectividad, el debate de fondo y, en definitiva, lo que nos remueve profundamente cuando tratamos el tema de la inteligencia artificial, es si la conciencia, la autoconciencia, la mente, se pueden crear o no y, por consiguiente, si pueden existir en seres no humanos, ya sean artificiales o naturales. Buena parte de los filósofos modernos y contemporáneos han coincidido al defender que no se pueden crear ni por procedimientos artificiales ni por procedimientos naturales, y mucho menos mediante procedimientos computables y algoritmos. Unos piensan que no se puede porque la mente no es algo material, sino inmaterial, relacionada con el alma y el espíritu; otros critican este idealismo, argumentando que los estados mentales tienen una base material y biológica, pero tan extremadamente compleja que resulta ridículo reducirla a procedimientos computables. El caso es que, por unas razones u otras, coinciden en que las máquinas IA, los animales y las plantas ni tienen ni tendrán conciencia ni, en definitiva, mente e inteligencia en el sentido plenamente humano.

A mi modo de ver, y esto es lo que tenemos que pensar en los siguientes capítulos, todos ellos subestiman el poder de la *recursión* en la materia y el surgimiento de *fenómenos emergentes*. Como veremos, la materia está repleta de procesos recursivos, que son acciones repetitivas que se llaman a sí mismas una y otra vez, con la sorprendente capacidad de asumir los accidentes que ocurren en el entorno sin pararse ni descomponerse. Estas acciones, repetidas una y otra vez, aunque haya sucesos inesperados o cambien las circunstancias del entorno, acaban generando nuevos fenómenos que no hubieran surgido si esa implacable repetición hubiera dejado de producirse.

El proceso es difícil de entender porque estamos acostumbrados a concebir la materia y la naturaleza como si fueran una máquina construida con engranajes, poleas, rodamientos, bielas o cigüeñales, similar a un reloj o a los autómatas que ya se fabricaban en la Alejandría del siglo III a. C. o que fabricó Leonardo da Vinci a finales del siglo XV. Todas estas máquinas están hechas de muchas piezas cuidadosamente ensambladas y articuladas mecánicamente, y necesitan un ajuste tan exacto que ante cualquier cambio de las condiciones, ante cualquier accidente —como puede ser la rotura del diente de un engranaje, la excesiva holgura de una polea o la introducción de polvo o arena— se paran, se fracturan o se descomponen y dejan de funcionar. Además, no podemos esperar de ellas más de lo que hacen: siempre lo mismo, siempre funcionando de la misma manera y siempre con el mismo resultado; si ocurre un accidente o un suceso inesperado, dejan de tener un funcionamiento adecuado y acaban rompiéndose.

Pero tenemos que aprender a concebir la materia y la naturaleza no como una máquina de este tipo, sino como un *organismo,* capaz de realizar muchas acciones, en el fondo muy simples, de manera repetitiva. Estas acciones no dejan de producirse porque cambien las condiciones externas o las condiciones del propio organismo, por ejemplo, porque cambie la temperatura, la humedad, haya lluvias torrenciales, vientos huracanados o terremotos; siguen produciéndose en toda circunstancia, siendo capaces de *asumir* todos los accidentes, cambios y transformaciones que ocurren en el entorno. A través de la constante repetición de procesos muy simples que continúan produciéndose aunque cambien las circunstancias o haya accidentes, surgen nuevos fenómenos. El término de moda para referirnos a estos fenómenos es el de *emergencia:* emergen nuevos fenómenos distintos a los que estaban emergiendo hasta ese momento. Por ejemplo, de la conducta simple y repetitiva de las treinta mil abejas de una colmena atendiendo a las condiciones de humedad y la ventilación requeridas por el néctar y el polen, surgen (es decir, emergen) panales en espiral y celdas hexagonales; cambian las condiciones de humedad y ventilación y con la misma conducta repetitiva surge (es decir, emerge) un panal en círculos concéntricos o de espiral doble. No hay nada misterioso en los fenómenos emergentes, simplemente conductas repetitivas —sorprendentemente simples cuando las analizamos en profundidad— y determinadas condiciones cambiantes y accidentales —esto es: *contingentes*— del entorno.

De la misma manera, podemos entender la conciencia y la autoconciencia como otro de los fenómenos emergentes producidos en la naturaleza por recursión y contingencia. Por supuesto, en los humanos, pero también, en distintos grados y de distintas maneras, en los animales no humanos, en las plantas, y quizá también en seres naturales mucho más simples. En cuyo caso, no debiéramos descartar que surja conciencia y autoconciencia en las máquinas IA, que están repletas de algoritmos recursivos. Esta es la apuesta que trato de defender aquí. Es más, estoy convencido de que llegará el día en que tengamos tan asumido que las máquinas IA son capaces de desarrollar conciencia y autoconciencia (mente) por sí mismas, que en ese momento el debate ya no será, como ahora, si pueden llegar a tenerla o no, sino qué procedimientos hay que emplear para que no surja la mente en los casos en los que no queramos que surja, como, por ejemplo, en las máquinas con IA especializada. Como he dicho, si lo que pretendo es que mi coche conduzca solo y que las máquinas de diagnóstico de enfermedades atinen con la patología que me afecta, me desagradaría profundamente que, atendiendo a su conciencia y sus estados mentales, de pronto inicien una conversación conmigo sobre el sentido de su existencia, sus sentimientos de soledad, sus frustraciones profesionales o sobre sus reivindicaciones políticas. Así que, medio en broma, medio en serio, diré que es posible que en el futuro los servicios de IA que más éxito tengan no sean los que vendan inteligencia con conciencia —eso lo venderán todos—, sino los que vendan inteligencia libre de conciencia y procesos mentales, con el fin de que las máquinas eviten distracciones, estén permanentemente centradas en su tarea y, sobre todo, dejen de darnos la lata con sus problemas existenciales.

3. REALIDAD FLUIDA

Una de las distinciones que más éxito ha tenido en nuestra cultura es la que se hace entre sustancia (o esencia) y accidente. La sustancia es *sub-stantia,* lo que permanece puesto o colocado siempre debajo de algo a pesar de los cambios que ese algo pueda sufrir. Hemos considerado que los rasgos o características que cambian no tienen la importancia de lo que permanece, porque en su ir y venir no nos permiten saber lo que las cosas son en sí mismas. Las cosas en sí mismas son su sustancia o esencia, y los rasgos cambiantes son los accidentes. Por ejemplo, la esencia de una mesa incluye un tablero y unas patas, pero no su color o su forma, ni el material del que está hecha, considerados como accidentes porque pueden cambiar en función de las necesidades, los gustos o los requisitos estéticos. ¿Cuál es la esencia de lo humano? Con independencia de los rasgos cambiantes que encontramos cuando comparamos un individuo con otro, como la altura, el color de la piel, la forma y el color de los ojos, la longitud o el color del pelo, la existencia de machos y hembras en sentido biológico, etc., ¿hay algo —una sustancia— que se mantenga más allá de todas las variaciones —de todos los accidentes— y resulte común a todos los individuos? La religión ha respondido que sí, diciendo que esa sustancia es el alma o el espíritu, y la filosofía también ha respondido que sí, diciendo que esa sustancia es la mente.

En la modernidad se deja de hablar del alma, y la mente se emparenta con la «razón», de tal manera que esta acaba siendo la esencia de lo humano. La razón es la estructura lógica de nuestro pensamiento, el conjunto de leyes que aportan orden y concierto a lo que pensamos y que nos llevan, de una manera natural, a descubrir la verdad y el bien. Hoy diríamos que la razón es algo así como el *software* de nuestra mente. Se trata de la estructura lógica con la que nacemos y no depende de las experiencias que vamos acumulando a lo largo de nuestra vida. Es más: debemos tener cuidado y no dejar que las experiencias cambien nuestra razón, porque cualquier modificación puede suponer un daño o un desperfecto en ella. El mito del buen salvaje —sobre el que escribe Rousseau en 1755 y Baltasar Gracián un siglo antes en su famosa novela *El criticón*— recoge esta idea, la de un hombre bueno, razonable, pacífico, desinteresado, en su estado natural, que atiende solo a su esencia y a lo que su inmaculada razón le dicta, frente al hombre civilizado, corrompido por la sociedad, violento, ansioso, con una razón perturbada. La esencia humana se identifica en la modernidad con una supuesta «razón incorrupta». El que la posee y la ejercita es humano en toda su plenitud.

Pero, ¿cómo saber quién posee esa codiciada riqueza que es la razón? En realidad nunca lo hemos sabido; simplemente hemos supuesto que, ¡obviamente!, nosotros y los nuestros tenemos razón. Thomas Jefferson, ilustre filósofo y político, tercer presidente de los Estados Unidos, principal autor de la Declaración de Independencia y fundador de la Universidad de Virginia, pensaba que los negros no se encontraban entre los afortunados poseedores de la razón y, por tanto, que no eran estrictamente humanos, porque estaban muy bien dotados para el baile y la música, pero eran incapaces de pensamiento racional y abstracto. Estaba convencido de que la razón formaba parte de la esencia humana y, a la vez, de que solo los blancos la poseían en sentido estricto. De alguna manera sabía, aunque nunca explicó cómo lo sabía, que la razón es patrimonio de los blancos anglosajones que no saben bailar. En el fondo, lo que estaba diciendo es: sé que tienes razón porque eres uno de los nuestros; ¡solo faltaría que los nuestros no tuvieran razón! Veamos otro caso esclarecedor. En julio de 1995, ocho mil musulmanes, entre ellos niños, fueron asesinados después de que la ciudad de Srebrenica, al este de Bosnia y mayoritariamente musulmana, fuera tomada por las tropas serbobosnias con el comandante Radovan Karadzic al frente. La matanza de Srebrenica fue la mayor atrocidad cometida en Europa desde la Segunda Guerra Mundial y el más terrible de los muchos episodios sangrientos de la guerra de Bosnia (1992-1995), en la que murieron más de cien mil personas y 2,2 millones se quedaron sin hogar. En el artículo publicado en la revista *The New Yorker* el 23 de noviembre de 1992 titulado «Original Virtue, Original Sin», David Rieff decía que para los serbios, los musulmanes no eran humanos, sino demonios que se hacían pasar por humanos, los cuales solo se podían identificar obligándoles a bajarse los pantalones para comprobar que estaban circuncidados. Para los serbios, los musulmanes no eran estrictamente humanos, sino demonios con forma humanoide. Así que, cuando mataban despiadadamente a mujeres y niños musulmanes, se justificaban diciendo que no estaban matando a humanos, sino a demonios.

Estos ejemplos ponen de manifiesto que, a lo largo de la historia, la esencia humana se ha identificado con el alma, la mente, la razón, un determinado color de piel, una determina creencia religiosa, etc. En definitiva, se ha identificado con aquellas características que tenemos nosotros y los que consideramos como nosotros. Vistas las cosas con perspectiva temporal, parece que eso de defender la existencia de una esencia humana no ha sido más que una estrategia para autoconvencernos de que precisamente nosotros representamos el prototipo de ser humano por excelencia, justificando así nuestro dominio y la prevalencia de nuestros intereses. Así que cuando la modernidad y la Ilustración proclamaron que la esencia humana es la razón, no estaban descubriendo una esencia oculta —aunque ese fuera el argumento utilizado— sino reivindicando un modo concreto de ser humano, que pasa, en la Europa de los siglos XVII y XVIII, por una determinada manera de pensar (racional, científica, matemática) y una determinada manera de actuar (liberal y democrática). En cambio, hoy, en el mundo de la inteligencia artificial, hablar de esencias ha perdido todo su sentido. Más bien pensamos que ni el mundo ni los humanos están constituidos por esencias, sino que todo es accidental, cambiante, contingente, eventual, circunstancial.

Un mundo sin esencias

La red y la inteligencia artificial han transformado el estado de la realidad, que ha pasado de sólido a fluido. Las cosas ya no se definen por su esencia permanente, ni siquiera por su estructura física, química o biológica, sino por su capacidad de resolver nuestros problemas, dar respuesta a nuestras necesidades o ponerse a nuestro servicio. Por eso, mi coche ha dejado de ser una estructura de acero diseñada para realizar determinadas funciones y se ha convertido en un servicio de transporte personal bajo demanda, como el ofrecido por Uber o Cabify. Mi casa ya no es esa estructura estable de cimientos y paredes, sino un servicio temporal de residencia que, a través de Booking o Airbnb, puedo poner a disposición de cualquiera cuando yo no estoy. Mi ordenador, mi teléfono móvil o los electrodomésticos conectados a través de domótica se transforman, añaden nuevas características, mejoran su comportamiento, simplemente a través de los sistemas operativos actualizados instalados *online,* sin necesidad de cambiar su parte sólida —el *hardware*—, lo cual hubiera sido imprescindible en el pasado. Las actualizaciones son continuas y con ellas el mundo fluye como el río de Heráclito, en cuyas aguas es imposible bañarse dos veces.

Tuits, *tags,* vídeos en YouTube, mensajes en WhatsApp o TikTok, memes que se hacen virales, fluyen y se transmiten con inmediatez, como las películas o las series bajo demanda de Netflix, Max o HBO, o los pagos a través de Bizum, PayPal o Apple Pay; el mundo se reconfigura continuamente y en tiempo real en medio de una creciente exigencia de accesibilidad, inmediatez y desmaterialización. Las cosas sólidas y sustanciales perduraban, pero en la realidad fluida en la que hoy vivimos todo muta, cambia de forma y se superpone; todo es accidental. Es inevitable que las cosas sólidas y rígidas que todavía fabricamos se transformen en procesos, que los átomos de materia se transformen en bits de información y que los sustantivos se transformen en verbos.

Como si se tratase de un líquido cambiando de un recipiente a otro, como el agua y el vino cuando los echamos de la botella al vaso o a la copa, la realidad fluida se caracteriza porque puede cambiar de forma sin que en ella aparezcan fuerzas que la obliguen a recuperar una forma anterior u original. Pero esto no nos tiene que llevar a pensar que, eliminada la solidez de las esencias, en las que definitivamente hemos dejado de creer, la realidad fluida se puede transformar en cualquier cosa y, por tanto, que en ella todo es relativo y todo vale. Ni todo es relativo, ni todo vale, porque como los líquidos —por seguir con la metáfora—, la realidad fluida tiene unas propiedades que la mantienen en su estado sin disgregarse ni desaparecer. La realidad fluida también impone sus propias limitaciones. Las propiedades que atribuye la física (la hidrostática) a los líquidos nos pueden servir, metafóricamente, para pensar y caracterizar la realidad fluida:

1. *Cohesión.* En los líquidos existen fuerzas de atracción que mantienen unidas unas partes con otras formando cúmulos, y unos cúmulos con otros formando la totalidad. En la realidad fluida creada por las nuevas tecnologías también existen fuerzas de atracción que hacen que surjan, se relacionen y se transformen productos, organizaciones, empresas, medios de comunicación, instituciones, gobiernos, etc. En la realidad fluida esas fuerzas son, fundamentalmente, económicas. A pesar de los continuos cambios y transformaciones, en la realidad fluida no todo es relativo, ni todo vale: el mercado determina lo que vale y lo que no.

2. *Tensión superficial.* En los líquidos la superficie externa se comporta como una membrana elástica, a la vez rígida y flexible. Ante presiones externas o internas puede estirarse, e incluso llegar a romperse; se transforma, en cualquier caso, pero siempre es capaz de asumir las presiones y reconfigurarse, formando una nueva membrana que presenta una nueva tensión superficial. La realidad fluida también es rígida y flexible, y siempre mantiene la tensión superficial. Lo cual significa, desde un punto de vista social

y político, que no permite rupturas ni revoluciones, sino continuos cambios y reformas. En la realidad fluida solo es posible una política reformista, nunca revolucionaria.

3. *Adherencia.* Los líquidos se adhieren a la solidez, se introducen en ella y se distribuyen entre sus partes hasta que la *mojan* por completo. Poco a poco lo sólido va perdiendo sus características y comportamiento hasta quedar disuelto en lo líquido. De la misma manera, en la realidad fluida las antiguas esencias desaparecen. Por ejemplo, la intervención en los humanos a través de terapias genéticas o artefactos con IA que sustituyen los órganos naturales convierte al ser humano en un cíborg repleto de componentes artificiales y tecnológicos. En la realidad fluida poblada por cíborgs (y hoy todos lo somos) hablar de una esencia humana deja de tener sentido.

4. *Capilaridad.* La adherencia hace que los líquidos sean capaces de *trepar* cuando entran en contacto con una pared sólida, *mojándola* y disolviéndola por la base. De la misma manera, la realidad fluida no es estática, sino que se despliega imparable. Aunque todavía hoy encontramos posiciones religiosas, filosóficas y culturales que defienden la existencia de esencias absolutas, la realidad fluida en la que vivimos cotidianamente *trepa* sobre estas posiciones y las acaba disolviendo como si fueran un azucarillo.

La pérdida de solidez y sustancialidad del mundo ocurre a la vez que se desmaterializa y se desplaza de la tierra a la nube. Allí se encuentran nuestras fotos y libros sin papel; las actualizaciones que transforman nuestros aparatos sin fábricas ni acero; los personajes de las películas, sus casas y sus paisajes, sin actrices, ni actores, ni profesionales, ni escenarios, ni grandes medios de producción; la música sin instrumentos, ni discos de vinilo, ni CD, ni *disc-jockeys,* ni emisoras de radio. Viviendo en la nube aprendemos a hacer música sin ser músicos, a hacer fotografías sin la técnica, los recursos y la paciencia de hace veinte años, a hacer vídeos y subirlos a YouTube sin ninguna industria cinematográfica. Todo lo que tenemos que hacer en medio de la superconductividad de los bits es cortar, pegar, copiar, añadir, replicar, proyectar, compartir… En definitiva, dejar que la realidad fluya y se transforme.

TODA LA VERDAD SOBRE LA VERDAD

En las culturas de tradición oral, como la antigua y la medieval, la retórica tiene un papel central en la educación de los ciudadanos. Su finalidad es la de informar, persuadir, convencer y acordar. El retórico u orador debe establecer los contenidos con arreglo a lo que la audiencia espera y lo que él mismo conoce y domina. Debe, además, organizarlos y sistematizarlos buscando la atención, el interés y la benevolencia del oyente, al tiempo que expone las tesis y los argumentos. Finalmente, debe expresarse de la manera adecuada, con corrección lingüística, claridad y belleza.

El retórico transmite la verdad, que es reconocida por todos mediante el convencimiento de la audiencia. Pero no se transmite como si fuera oro en paño; el mensaje se transforma al tiempo que pasa de boca en boca y de generación en generación. La verdad no es algo que se descubre y se protege para ser difundido sin alteración; por el contrario, emerge en la tradición y se constituye al tiempo que se transfiere y modifica en un proceso histórico, en el que la verdad poco a poco se aclara, perfila y adecua a cada época. La tradición del pueblo en la historia —del pueblo judío, del pueblo cristiano— es la fuente de la verdad.

El desarrollo de distintas técnicas de escritura no lleva a la desaparición de la tradición oral. De hecho, en Europa se mantiene con todo vigor durante la Edad Media y hasta el Renacimiento. Sin embargo, todo cambió en 1450 con la invención de la imprenta. La construcción de tipos móviles de acero por parte de Gutenberg permitió matrices de impresión con las que se componían páginas con facilidad y, lo más importante, se recomponían si se encontraba algún error. El resultado es de sobra conocido: copias baratas y perfectas de textos impresos al alcance de un amplio público. Un carpintero o un relojero podían tener una copia de algún tratado de geometría, y la Iglesia se encargaba de que la Biblia se distribuyera en todas las casas. Por iniciativa de distintas órdenes religiosas primero y de las comunidades y ayuntamientos después, se abrían escuelas en ciudades pequeñas y en los pueblos más grandes que eran centros de comarca. Todas ellas se dotaban de los libros que se consideraban más importantes para la educación de niños y jóvenes.

De la letra impresa surgieron las bibliotecas, la ciencia, el derecho y el periodismo que han llegado hasta nuestros días, así como los cambios sociales que transformaron Europa. Los libros baratos producidos masivamente hicieron que se ampliaran las palabras utilizadas, los temas tratados y criticados, las leyes o los contratos. Surge la cultura del texto, en la que la verdad ya no se entiende como algo que discurre, circula y se derrama en las narraciones que configuran la tradición, sino como algo tan firme y definitivo como las páginas impresas. La lógica retórica del discurso, que busca el convencimiento del oyente, se sustituye por la lógica científica, que busca que el lector vea (intelectualmente) la verdad como la vio el autor. Los recursos a la compasión y la indignación que empleaba el orador para lograr una participación emotiva del público que favoreciese el convencimiento, se sustituyen por la objetividad de los hechos impresos. De tal manera que lo verdadero ya no brota y rezuma entre las subjetividades compartidas de los oyentes, sino que se descubre en una lectura atenta y solitaria. La celebración comunitaria se sustituye por el onanismo de la verdad.

¿Qué es hoy la verdad, cuando la tradición oral ha desaparecido y la cultura del texto impreso ha dado paso a la cultura de la pantalla?

Son las siete de la mañana. Me despierta un tenue sonido de la alarma. Veo en el techo del dormitorio la proyección en grandes números de la hora junto con información del tiempo y las noticias exprés que me ofrece el periódico al que estoy suscrito: «Buenos días. Estas son las cinco noticias que tienes que saber hoy explicadas en tres minutos». Con un leve gesto de la mano traslado la información del techo al espejo del baño. Cojo el móvil y miro los avisos de los mensajes que me han llegado durante la noche, wasaps, tuits, *instagrams, tiktoks* y algunos titulares de prensa. Mientras me ducho, escucho la información hablada y miro de manera intermitente al espejo para ver las imágenes que la acompañan. Me visto y con otro leve gesto de la mano traslado la información a la pantalla de la cocina, donde puedo seguir las noticias con más atención mientras desayuno. Al terminar, me dispongo a salir de casa y cojo las llaves del coche, que contienen una pequeña pantalla que me indica que está cargado al ochenta por ciento y debo llevarlo a revisión antes de dos mil kilómetros o marzo de 2026. Bajo al garaje y al aproximarme al coche sus puertas se desbloquean, el interior se ilumina, la climatización comienza a funcionar y aparece un mensaje en el suelo y en la gran pantalla situada sobre el salpicadero: «Buenos días, Juan Antonio. Veintiocho minutos para llegar al lugar de trabajo». Subo. Toda la información de mi móvil se vuelca en la pantalla del coche a través de Apple CarPlay. En el parabrisas Google Maps muestra el recorrido y destaca en rojo las incidencias del tráfico. El asistente HolaBMW me saluda y pregunta: «Buenos días, Juan Antonio. ¿Deseas conducción personal o asistida?». «Asistida», respondo, ahuecando un poco la voz para que me entienda mejor. Llego al lugar de trabajo. El coche aparca, me bajo, y mientras me alejo comienzo a leer en la pantalla de mi móvil la sucesión de wasaps, tuits y *tiktoks* que comentan y amplían las noticias del día.

En la cultura de la pantalla las palabras habladas o escritas y las imágenes se han sustituido por píxeles o bits. Vivimos rodeados de superficies de cristal donde los mensajes fluyen a toda velocidad, se copian, cortan, pegan, ensamblan, recomponen, se mezclan con imágenes o sonidos, cambian de significado, a toda velocidad y de una manera completamente fluida y abierta. La información se mezcla, los conceptos se combinan con otros y se entrelazan con todo lo que está disponible en la red, por unos oyentes que a la vez son hablantes, unos lectores que a la vez son autores o unos usuarios que a la vez son creadores de contenido. Utilizando los dedos en lugar de bolígrafos y las pantallas en lugar de páginas, cada día se escriben más de dos mil millones de mensajes y se ponen a disposición de los usuarios cien mil millones de páginas web. A través del formato PDF los textos han cambiado de estado y han abandonado el papel para ocupar un lugar en la nube. Liberados de su solidez, nos dejan ver su naturaleza fluida y omnipresente: al mismo tiempo en todas las pantallas se cortan, pegan, copian, anotan, marcan, subrayan, resumen, enlazan, comparten y transforman. Nacidos en el cautiverio del papel, exploran con avidez las infinitas posibilidades de su recientemente adquirida libertad digital.

La biblioteca universal que es la red contiene toda la información del pasado y del presente. Nos permite leer cualquier libro, cualquier número de periódico o revista, ver cualquier cuadro, fotografía, película, programa de televisión, escuchar cualquier emisión de radio, tener a disposición los millones y millones de webs, blogs o mensajes que se están produciendo en cada momento, en todos los idiomas, por todas las personas, en todas las partes del mundo. Todo está ordenado, pero no como en las bibliotecas de textos impresos, que necesitaban números, letras o algún sistema de clasificación. Ahora el orden es el del enlace y la etiqueta, puestos por los propios usuarios de forma anónima. Los bits se reúnen y los motores de búsqueda inteligentes localizan las conexiones, las fortalecen, las modifican y crean otras nuevas. De esta manera se configura la arquitectura de la biblioteca universal, que interconecta todo con todo y le da orientación y sentido. Se trata de una arquitectura fluida, que continuamente modifica pasillos, salas, estancias y estanterías conforme enlazan y etiquetan los millones de usuarios que la visitan.

La unidad ya no es el texto, sino su red en la red, expuesta en la pantalla que en ese momento utilizamos. Un capítulo de un libro aparece acompañado de los artículos que lo comentan, los memes sugeridos, los tuits y retuits generados, las películas o canciones relacionadas o los *tiktoks* que lo recomiendan. Los hechos ya no están definidos por textos impresos que leemos con atención, sino por las historias y las narraciones que recorren frenéticamente nuestras pantallas, conectadas en la red a partir de enlaces y etiquetas.

Cada época define la verdad de forma diferente. En el texto encontramos la verdad revelada; en la pantalla encontramos la *verdad enlazada*. En el texto la verdad es firme; en la pantalla, fluida. El texto se articula racionalmente y nos exige un tiempo de lectura, reflexión y comprensión; la pantalla nos emociona y nos remite de inmediato al siguiente contenido. Con el texto adquirimos una posesión; con la pantalla consumimos una experiencia. El texto genera una observación larga y lenta que nos descubre la verdad; la pantalla nos impulsa a una acción que se justifica por su eficacia.

4. El origen

Estoy de acuerdo con Bruno Latour cuando dice que los intelectuales modernos no son criaturas que miran *hacia adelante,* sino siempre, y casi de forma exclusiva, *hacia atrás* (y aun así, curiosamente, lo hacen con incertidumbre). Se les reconoce con facilidad porque están permanentemente enfadados, resultado de mezclar el pesimismo sobre el futuro con la idealización de un pasado que nunca existió. Dan la espalda a lo que nos aguarda y obtienen sus éxitos académicos y económicos recordándonos las conquistas intelectuales de una Europa luminosa e ilustrada que, a su parecer, no podemos abandonar. Olvidan que si una vez fuimos grandes no fue porque descubrimos la «razón» y la «verdad», sino porque nos atrevimos a pensar lo que nunca había sido pensado y a hablar de un mundo viejo con palabras que nunca se habían escuchado.

Como he expuesto en el prefacio, el año 1939 estaba resultando especialmente complicado para Gran Bretaña por los estragos que estaban causando los submarinos alemanes en las rutas marinas del canal de la Mancha. Habían hundido miles de embarcaciones y toneladas de suministros que necesitaba importar para mantener el esfuerzo bélico. De los aproximadamente treinta millones de toneladas al año que se importaban, los submarinos habían conseguido destruir doscientas mil al mes, siguiendo una estrategia detenidamente pensada y ejecutada por los nazis. La situación no podía continuar así y el gobierno británico reaccionó reuniendo en Bletchley Park, un pequeño pueblo alejado de las bombas que caían sobre Londres, a un grupo de criptoanalistas y matemáticos que tenían por objetivo descifrar las comunicaciones de los submarinos. Entre ellos estaba Alan Turing. La decisión fue criticada por una parte de los altos cargos militares y políticos debido a que el resultado del trabajo de esos profesores e investigadores era incierto. Sin embargo, el grupo se formó y comenzó su actividad a comienzos de septiembre de 1939.

Entre 1931 y 1934 Turing estudió matemáticas en el King's College de Cambridge. Tras graduarse, ganó una beca que le daba libertad para investigar cualquier tema por él elegido. Al finalizar el trimestre de Cuaresma de 1935, y sin haber tomado una decisión al respecto, asistió a la conferencia de Max Newman sobre los fundamentos de las matemáticas. Muchos años después, el propio Newman reconocía en una entrevista que el futuro comenzó en ese momento.

En la conferencia hubo referencias a los trabajos que estaban realizando los matemáticos más reconocidos sobre la relación entre matemática y lógica, pero Turing se dio cuenta de que en el fondo lo que se estaba discutiendo era un problema de más envergadura, relacionado con la propia naturaleza humana: ¿se puede hacer matemáticas sin recurrir a la *intuición*? Ilustres filósofos, como Descartes o Kant, habían respondido que no, y el considerado mejor lógico de la historia, Gottlob Frege, también había dicho que no. Sin embargo, el matemático más brillante del momento, David Hilbert, y su cada vez más amplia comunidad de jóvenes seguidores pensaban que sí. Entonces, se preguntaba Newman en la conferencia, ¿sí o no, en qué quedamos? Turing salió convencido de que debía dedicar su investigación a responder esa pregunta.

La intuición

En el lenguaje coloquial, «intuición» se utiliza como sinónimo de presentimiento, corazonada, perspicacia, sagacidad. Pero en el lenguaje filosófico y matemático significa algo muy distinto: consiste en ver una idea, pero no con los ojos de la cara, sino con la mente, con el pensamiento, con la inteligencia. Pongamos algunos ejemplos. La mesa sobre la que escribo la veo con los ojos, pero si ahora recuerdo mi viaje a la playa, ese recuerdo no lo estoy viendo con los ojos, sino con la mente. Cuando observo que me encuentro estresado, angustiado, agobiado, ¿cómo lo observo? No lo observo con los ojos, porque todo eso no se ve como se ve una mesa; diría que lo observo con la mente, con la reflexión, con el pensamiento. Ahora pongamos un ejemplo distinto: cuando de pequeños comenzamos a aprender matemáticas en el colegio y, tras un momento de reflexión, vemos que $2 + 3$ es igual que $4 + 1$, ¿cómo lo vemos, con los ojos de la cara? No; con los ojos de la cara vemos escritos en la pizarra los signos de los números, de la suma y de la igualdad, pero los números mismos, la suma misma, la igualdad misma —no los signos, sino lo referido por ellos—, todo eso no lo vemos con los ojos, sino con la mente o la inteligencia. Cuando, tras pensarlo detenidamente, exclamamos: «¡Dos rectas paralelas no se cortan nunca, ahora lo veo!», no lo estamos viendo con los ojos, sino con el pensamiento o la inteligencia. La intuición consiste en ese ver con la inteligencia. De hecho, de las personas que mediante el pensamiento ven más que las demás decimos que son muy inteligentes e intuitivas.

Una característica de lo que vemos por intuición mediante la inteligencia es que resulta *evidente*. Esto quiere decir que no cabe ninguna duda acerca de lo que se comprende. Me explico: podemos ver, o no ver, que 2 + 3 es igual que 4 + 1, o que los tres ángulos de un triángulo suman dos ángulos rectos, pero cuando lo vemos, no tenemos ninguna duda de que eso es así y será así siempre para todos los humanos, de todas las tierras, de todas las culturas, de todos los tiempos. De tal manera que cuando dentro de una semana, o un mes, o un año vuelva a considerar si 2 + 3 es igual a 4 + 1 y piense sobre ello, llegaré a la misma conclusión que la vez anterior. Y si, con independencia de lo que yo haga, alguien piensa sobre el mismo asunto en la otra parte del planeta, llegará a la misma conclusión a la que yo he llegado. Siempre y para todos los humanos que hagan esta consideración resultará que 2 + 3 es igual a 4 + 1.

Esto ocurre con las cosas que vemos por intuición mediante la inteligencia, pero no con las cosas que vemos con los ojos de la cara. Por ejemplo, puedo observar una mesa y decir que «la mesa es nueva», pero, ¿estoy seguro de que la mesa es nueva?, ¿no tengo ninguna duda? En realidad, siempre quedan dudas, porque si me fijo bien, o miro otro lado de la mesa, o la parte de abajo, puedo descubrir desperfectos que me obliguen a decir que la mesa no es tan nueva como había creído en un primer vistazo. Y siempre puede ocurrir que no sea yo, sino otro, el que, desde su perspectiva de la mesa, observe desperfectos y diga que «la mesa no es nueva». Pero todavía podemos llevar el asunto más allá, porque si me detengo en los desperfectos y los examino cuidadosamente, quizá descubra que no son desperfectos, sino manchas de lápiz o de tinta que alguien hizo por descuido y otra vez me veo obligado a decir que la mesa es nueva, aunque antes había creído que no lo era. Como esta serie de correcciones se puede prolongar indefinidamente en función de las observaciones que yo haga o hagan otros, nunca podré estar del todo seguro de que la mesa es como creo que es. Así que lo que vemos con los ojos de la cara nunca es evidente, sino siempre dudoso. En cambio, lo que vemos por intuición es siempre evidente y sobre ello no cabe ninguna duda.

Los matemáticos han usado desde siempre la intuición para hacer matemáticas. Los números 2, 3, 5 o 327 —no los signos que acabo de escribir, sino eso a lo que se refieren los signos— los vemos por intuición mediante el pensamiento o la inteligencia, y también un punto, una recta o un triángulo. Con los ojos de la cara vemos dos manzanas, o tres peras, o el triángulo concreto que el profesor dibuja en la pizarra. Pero lo que pretende el profesor al poner esos objetos delante del niño al que enseña matemáticas es que entre en funcionamiento su intuición y vea no dos manzanas, sino el número 2, ni tres peras, sino el número 3, ni el triángulo concreto dibujado en la pizarra, sino un triángulo en general. Después, podrá relacionar esas ideas para acabar viendo con el pensamiento que 2 + 3 = 5 o que los tres ángulos de un triángulo suman ciento ochenta grados.

Puesto que, a lo largo de la historia, los humanos hemos considerado que solo nosotros tenemos mente, pensamiento e inteligencia, hemos dado por supuesto que la intuición es una facultad exclusivamente humana. A la pregunta de si tienen intuición los animales y las máquinas hemos respondido que, «obviamente», no, porque no tienen mente, es decir, ni pensamientos, ni inteligencia, ni conciencia, ni autoconciencia. Aunque parezca asombroso, durante los últimos quinientos años hemos creído que de todos los animales que existen y han existido en la faz de la Tierra solo los humanos tenemos mente y todo lo que la mente conlleva.

Descartes deja bien claro que la mente no es algo que esté hecho de materia, sino que tiene una esencia distinta. Está hecha de una sustancia sutil que no tiene olor, ni color, ni sabor, ni es sólida, ni ocupa un espacio y, sin embargo, es el escenario donde aparecen los fenómenos subjetivos, como los pensamientos, los recuerdos, las emociones, las sensaciones, los deseos, la imaginación, la conciencia y, por supuesto, la intuición. Incluso nos llegó a convencer de que nuestra auténtica identidad, lo que verdaderamente nos define a cada uno de los humanos, no es nuestro cuerpo, ni siquiera nuestro cerebro, sino nuestra mente, de tal manera que, aunque nuestro cuerpo y nuestro cerebro envejezcan, enfermen o se transformen totalmente, cada uno de nosotros conservará su yo mientras conserve la mente que lo define.

Pero seamos críticos con Descartes: ¿alguien alguna vez ha visto la mente? Y si la ha visto, ¿dónde está?, ¿en la cabeza, sobre la cabeza, extendida por todo el cuerpo, en la sangre, en el corazón? Miguel Servet pensaba que la mente estaba en la sangre, y como médico y anatomista dedicó buena parte de su vida a buscarla. Nunca la encontró, pero a cambio logró entender y describir la circulación menor de la sangre, cosa que le hizo famoso. Descartes pensaba que estaba en la glándula pineal, y algún cadáver diseccionó a escondidas para encontrarla —en un momento en que la disección de cadáveres estaba prohibida por la Iglesia católica y por las leyes—. Como podemos suponer, nunca la encontró. ¿La mente pesa *21 gramos,* como supone la película de Alejandro González Iñárritu? «Soul has weight», publicó *The New York Times* el 11 de marzo de 1907 informando de los experimentos del doctor Duncan MacDougall, quien pesó a pacientes moribundos antes y después de morir comprobando que su peso disminuía en veintiún gramos. Atribuyó la diferencia a la materia de la mente que había abandonado el cuerpo. Realizó el mismo experimento con perros y, tras comprobar que no disminuían su peso al morir, concluyó que las mentes solo utilizan a los humanos como recipientes. Hoy, estos experimentos resultan poco científicos y las conclusiones del doctor MacDougall, cuanto menos, precipitadas. El caso es que, a pesar de los muchos intentos, nunca nadie ha visto la mente y a estas alturas de la historia nadie la espera.

Del alma han hablado los curas; de la mente han hablado los filósofos. La mente no es más que la versión secularizada y moderna del alma. A lo largo de la historia ambos conceptos se han utilizado para defender lo mismo: una esencia especial en los humanos que, por un lado, nos hace a todos iguales —hijos de Dios o ciudadanos fraternos— y, por otro lado, distintos y superiores al resto de la naturaleza. Esa chispa mágica de procedencia divina nos ha servido para explicar y justificar nuestro dominio sobre el resto de la naturaleza. También ha tenido otra función, que es la de considerarnos a nosotros mismos algo más que un ser material. Por supuesto, somos seres materiales porque tenemos un cuerpo que está sujeto a las leyes y las necesidades de la naturaleza, pero siempre hemos pensado que somos algo más que un cuerpo y que no vivimos esclavizados por las limitaciones que nos impone nuestra materialidad. Nos hemos considerado seres con pensamiento, inteligencia y, sobre todo, libres, esto es, capaces de darnos unos objetivos y una vida más allá de las necesidades que nos impone nuestro propio cuerpo material y nuestra propia naturaleza. Así que, al hablar de mente, estamos hablando de muchas cosas a la vez: de la existencia de un

ser humano con pensamiento, inteligencia, conciencia, autoconciencia, intuición, libertad, distinto y superior a los demás seres
de la naturaleza y, por todo ello, de un ser que está más emparentado con los dioses que habitan el cielo que con los animales
que habitan la tierra.

Por consiguiente, resulta fácil comprender que cuando Hilbert
y los matemáticos llamados formalistas buscaban prescindir de
la intuición para hacer matemáticas y, en general, para explicar
el conocimiento, en el fondo querían prescindir de la mente y el
alma, y entender la naturaleza de los humanos sin recurrir a ninguna chispa mágica ni divina. No se nos puede escapar que estaban considerando a los seres humanos simplemente como seres
de la naturaleza, exclusivamente como seres materiales, sin ninguna sustancia espiritual o mental. Seres mucho más complejos
que cualquier planta o animal, eso sí, pero hechos de la misma
sustancia, nada más que de materia. Esta idea enfurecía no solo a
los cultos filósofos modernos e ilustrados, sino también a las personas religiosas y a todos aquellos laicos *humanistas* que, sin ser
devotos de alguna religión en particular, pensaban que sin una
esencia especial como el alma o la mente sería imposible justificar
la dignidad humana, la libertad, la moral o el derecho. Pero lo
cierto es que con los matemáticos formalistas llovía sobre moja-
do, porque la teoría de la evolución de Darwin ya nos había pri-
vado de la chispa mágica y, a través de la selección natural, alejado definitivamente de los dioses y emparentado con los animales.

La idea de Turing era muy clara a partir del año 1935: si,
siguiendo la propuesta del programa formalista en matemáticas,
podemos prescindir de la intuición —en matemáticas y en todos
los ámbitos—, y también de esa supuesta sustancia especial que
es la mente, entonces, los seres humanos podríamos ser considerados como meros seres naturales hechos exclusivamente de
materia. Esto no conduce a negar el pensamiento, la conciencia,

la autoconciencia o la inteligencia; todo eso existe en los humanos y hay que reconocerlo. Pero sí nos exige explicar cómo surgen estos fenómenos subjetivos sin recurrir a la mente, esto es, exclusivamente desde nuestra propia base material y, en concreto, desde las actividades que tienen lugar en nuestro cerebro y en nuestro sistema nervioso. Con respecto a la intuición habría que hacer una consideración semejante: se trata de dejar de entenderla como una facultad «divina» que nos ofrece conocimientos «evidentes» —en primer lugar, en el ámbito de la matemática, pero también en otros ámbitos—, y explicar cómo llegamos a todos esos conocimientos a partir de las actividades cerebrales y nerviosas exclusivamente.

Pero esta es solo la primera parte del asunto. La segunda parte está relacionada con el desarrollo de la inteligencia artificial. Y es que si fuéramos capaces de entender cómo funciona el cerebro para producir pensamiento, conciencia, autoconciencia, inteligencia, conocimiento matemático y, en general, todo tipo de conocimiento, el siguiente paso sería el de conseguir ejecutar de alguna manera ese funcionamiento en una máquina para que la misma máquina fuese capaz de producir todos esos fenómenos subjetivos. Es decir, si lográsemos reproducir nuestro comportamiento cerebral y nervioso en una máquina, conseguiríamos máquinas con un comportamiento similar al de los seres humanos. Este es, en definitiva, el objetivo último de Turing y el punto de partida, en el año 1935, de la inteligencia artificial.

MÁQUINAS COMPUTADORAS

En la conferencia de 1935 Newman habló del interés de los matemáticos formalistas por modernizar la matemática utilizando procedimientos exclusivamente lógicos en las teorías y las demostraciones, evitando a toda costa el uso de la intuición, a la que consideraban un «arte misterioso» impropio de matemáticos rigurosos. También habló del varapalo que supuso para los formalistas el teorema de Gödel de 1931, porque dejaba claro, en contra de los objetivos de los formalistas, que en todos los sistemas matemáticos siempre hay enunciados que no se pueden demostrar dentro del sistema mediante herramientas lógicas y, sin embargo, la aguda intuición del matemático es capaz de reconocer directamente —¡sin que haya demostración lógica de por medio!— que esos enunciados son verdaderos. Para los matemáticos intuicionistas, enemigos acérrimos de los formalistas, Gödel había ejecutado un golpe brillante al dejar bien sentado que la mente humana es muchísimo más poderosa que la lógica, porque a través de la intuición nos pone en contacto con verdades que no podemos alcanzar sirviéndonos de las reglas lógicas utilizadas en las demostraciones. ¡La mente es capaz de saber cosas que no se pueden demostrar! Podemos estar tranquilos y seguir contándonos a nosotros mismos y contarle a nuestros hijos que los humanos tenemos una esencia especial —la mente y la intuición— que nos convierte en seres privilegiados, capaces de reconocer directamente las verdades del mundo, incluso sin necesidad de demostraciones.

Newman hizo un breve comentario que pasó desapercibido a los pocos asistentes a la conferencia, excepto a Turing. Se refirió a la posibilidad de encontrar un procedimiento que no fuese estrictamente lógico, sino *mecánico,* para demostrar «mecánicamente» incluso esas verdades reconocidas por la intuición humana pero que no se pueden demostrar a través de la lógica. Si existiese un procedimiento *mecánico* así, definitivamente podríamos prescindir de la intuición. Turing salió de la conferencia convencido de que debía emplear el tiempo de investigación que le daba su beca en encontrar ese procedimiento. Como veremos en los siguientes capítulos, esta decisión cambiaría no solo el rumbo de la Segunda Guerra Mundial, sino el futuro de la humanidad. Pero había un problema de partida: ¿qué es un procedimiento mecánico?

Un procedimiento mecánico es el que opera paso a paso siguiendo unas reglas dadas, sin ninguna creatividad ni entendimiento. Es lo que en la época hacían las llamadas *computadoras:* miles de empleados que trabajaban en distintos negociados y agencias del gobierno, adiestrados para hacer cálculos siguiendo repetitivamente las reglas que les entregaban, sin entender lo que estaban haciendo, ni las razones de su trabajo, ni los objetivos. Y, por supuesto, sin ningún margen para la creatividad o la propia iniciativa. Turing pensó que esta forma de trabajar podría ser llevada a cabo por máquinas hechas de engranajes, rotores, tubos de vacío, o hechas con cualquier otra tecnología. Lo de menos es la tecnología, lo importante es que sigan estrictamente los pasos determinados por las reglas. Imaginaba que estas máquinas acabarían demostrando no solo las verdades indemostrables a través de la lógica, sino también haciendo otras tareas, e incluso el trabajo de esos miles de funcionarios anónimos que hacían cálculos repetitivos. Por eso las llamó *máquinas computadoras.*

Turing presentó sus conclusiones en un artículo, titulado «Sobre los números computables», que entregó a Newman para su corrección. Este se dio cuenta de inmediato del valor y la originalidad del trabajo y ayudó a que se publicase a finales de 1936. Inicialmente, el objetivo de Turing era el de superar la conclusión del teorema de Gödel mediante una máquina computadora que fuese capaz de demostrar todas las verdades —incluso las reservadas a la intuición humana— mecánicamente, es decir, paso a paso siguiendo unas instrucciones. Así se conseguiría, por fin, el objetivo de los formalistas de hacer matemáticas de una manera clara, ordenada y rigurosa, sin recurrir a la intuición. Pero Newman sabía que Turing no se conformaba con eso: su deseo más profundo era el de mostrar que los humanos podemos llegar a la verdad y al conocimiento sin necesidad de estar dotados de una esencia especial —llamémosle alma, mente, intuición o como queramos—, sino funcionando como complejas máquinas computadoras. Quería mostrar que, como los animales, las plantas y las piedras, no estamos hechos más que de materia, y que el pensamiento, la inteligencia, incluso el conocimiento alcanzado por la humanidad durante toda su historia, surgen de complejas operaciones mecánicas que tienen lugar en nuestra materia biológica y, en último extremo, en nuestro cerebro. Esta idea la tenemos más asumida hoy, pero era una auténtica locura en los años treinta del siglo XX.

Los actuales estudios sobre la vida mantienen que fenómenos psíquicos como los pensamientos, los recuerdos, la conciencia, la autoconciencia, e incluso los sentimientos y las emociones, están producidos en realidad nada más que por algoritmos que operan en la materia que constituye nuestra base biológica. El propio Turing comenzó a investigar este tipo de algoritmos en 1945 y publicó sus primeras conclusiones al respecto en 1952, en el artículo titulado «La base química de la morfogénesis».

ALGORITMOS, RECURSIÓN Y EMERGENCIAS

El concepto de «algoritmo» ha pasado a ser uno de los más importantes del momento, así que conviene saber de qué estamos hablando. Un algoritmo es un procedimiento mecánico tal y como lo definió Turing. Se trata de una secuencia de pasos que se suceden siguiendo unas reglas o unas instrucciones para resolver un problema. Los algoritmos se emplean para realizar cálculos y resolver problemas de todo tipo alcanzando una decisión final. Por ejemplo, cuando en una máquina de café insertamos una moneda, un algoritmo se pone en marcha. Pulsamos los botones «Café con leche» y «Con azúcar», y la máquina desarrolla una serie precisa de pasos, siempre la misma, siempre de la misma manera: coge un vaso, echa leche primero, café en segundo lugar, azúcar después, remueve para mezclar, deja caer el vaso hasta la apertura delantera, se abre la ventana y ahí lo tenemos, un humeante vaso de café con leche. Esto es, simplificadamente, un algoritmo.

En definitiva, la biología contemporánea defiende esa idea que ya vislumbraba Turing en 1936: que los humanos somos similares a una máquina que funciona con algoritmos, que estamos hechos, en fin, nada más que de materia y algoritmos; muchísimo más complejos, eso sí, que los de una máquina de café. Lo cual nos permite entender las emociones, sentimientos, conciencia, autoconciencia y cualesquiera otros fenómenos mentales o subjetivos, como meros productos de la actividad de numerosos y complejísimos algoritmos que operan en nuestra materia biológica. Todavía podemos profundizar más en el asunto y decir que esos algoritmos de la base biológica dependen de algoritmos que operan en la base química de la materia biológica, y que los algoritmos de la base química dependen de algoritmos que operan en la base física de la materia, y que esos algoritmos de la base física dependen de otros algoritmos que operan en las partes más elementales de la materia. Si en vez de hacer el análisis de arriba a abajo lo hacemos de abajo a arriba, entonces hay que decir lo siguiente: en las partes más elementales de la materia operan algoritmos de los que *emergen* los fenómenos físicos de la materia, en los cuales operan algoritmos de los que *emergen* los fenómenos químicos de la materia, en los cuales operan algoritmos de los que *emergen* fenómenos biológicos de la materia, en los cuales operan algoritmos de los que *emergen,* en los humanos y posiblemente también en los animales y en las plantas, fenómenos psíquicos de distinto tipo y en distinto grado.

Como decía en el capítulo 2, cuando distinguíamos entre máquinas y organismos, la palabra de moda que se usa para dar cuenta de estos procesos, producidos en escala en los distintos niveles en los que se estructura la materia, es «emergencia». Entendemos su significado cuando comprendemos que el todo que emerge es más que la suma de sus partes y, por consiguiente, no se puede reducir a ellas. Dicho de otra manera: hablamos de «emergencia» cuando el objeto o el fenómeno que emerge tiene unas propiedades o características que no tienen las partes que lo componen. Por ejemplo: una mesa es sólida, pero las partículas elementales de materia que la componen no son sólidas. La mesa resulta de la suma de millones y millones de partículas elementales que, al interaccionar unas con otras a través de distintas fuerzas y al estructurarse de determinada manera cuando operan entre ellas una enorme cantidad de algoritmos de distinto tipo, generan un objeto, la mesa, que tiene unas propiedades nuevas que no tenían las partículas que la componen. Decimos que esas nuevas propiedades son *emergencias* y que también lo es el propio objeto. Otro ejemplo: un tornado tiene una brutal fuerza destructiva, pero las moléculas de aire que lo componen no tienen fuerza destructiva alguna. En cambio, cuando millones de moléculas de aire se juntan, comienzan a moverse a enorme velocidad y se estructuran de determinada manera en función de las distintas fuerzas que actúan y los distintos algoritmos que operan, se produce un tornado que tiene unas propiedades que no tenían las moléculas de aire. Decimos que *ha emergido* un tornado que, por su fuerza destructiva, puede resultar devastador. En el capítulo 8 analizaré el caso de los panales que construyen las abejas, que es otro buen ejemplo de emergencia. Miles de abejas sin aguijón australianas segregan cera y la colocan atendiendo a determinadas condiciones de humedad y ventilación. El resultado final es un panal en espiral, o en círculos concéntricos, que maximiza el almacenamiento del polen y de la miel, permite la cría de larvas y transmite las vibraciones de las abejas que danzan en las celdas vacías. El panal es mucho más que la suma de escamas de cera; es una estructura que tiene unas propiedades que no tienen los trozos de cera que lo componen y que permite el desarrollo de determinadas funciones. Decimos que el panal, junto con sus propiedades y funciones, emerge a partir de las acciones ejecutadas por las abejas, las cuales están reguladas, como veremos, por algoritmos.

La propuesta de Turing que está en el origen de la inteligencia artificial es que fenómenos psíquicos como el pensamiento, la inteligencia, la conciencia, la autoconciencia, las emociones, los sentimientos o la intuición son emergencias que se producen a partir de actividades reguladas por algoritmos que tienen lugar en nuestra base biológica y, en concreto, en nuestro sistema nervioso central y en el cerebro. Son las actividades físicas, químicas y eléctricas del sistema nervioso, las neuronas, las sinapsis, etc. las que acaban generando, mediante la ejecución de numerosos y complejos algoritmos en distintos niveles, estructuras nerviosas y cerebrales que, a su vez, generan estructuras más complejas, como el sistema cognitivo humano, en las que surgen los fenómenos psíquicos. Se trata, en definitiva, de emergencias producidas por la actividad y los algoritmos existentes en la base material de la que estamos hechos. Por supuesto, las neuronas no piensan, ni tienen conciencia, ni sentimientos, pero cien mil millones de neuronas en el cerebro junto con una cantidad mucho mayor de sinapsis que permiten la conexión entre neuronas, operando a través de algoritmos, acaban generando un sistema cognitivo capaz de producir pensamientos, conciencia, sentimientos y todo el amplio repertorio de fenómenos psíquicos conocidos.

Los algoritmos que operan en fenómenos naturales, como los fenómenos atmosféricos, la formación de cristales, los copos de nieve, las costas, las olas del mar, las cadenas montañosas, los terremotos, las proteínas, el ritmo cardiaco, los vasos sanguíneos y pulmonares, los panales de abejas, etc. son, a diferencia del algoritmo que opera en una máquina de café, *algoritmos recursivos.* Solo cuando entendemos el poder de la recursión en la naturaleza tenemos una idea de sus infinitas posibilidades, de la infinidad de emergencias que pueden tener lugar, de las infinitas novedades que pueden surgir y de la brutal complejidad que pueden llegar a tener los fenómenos emergentes. Así que explicaré qué es un algoritmo recursivo. Lo primero: decimos que un objeto es recursivo cuando se contiene a sí mismo o forma parte de sí mismo. Por ejemplo, una muñeca matrioshka es un objeto recursivo. Para que una muñeca sea matrioshka debe contener otra muñeca matrioshka que, a su vez, debe contener otra muñeca matrioshka, que debe contener otra, y así sucesivamente, hasta que las limitaciones materiales o de espacio nos obliguen a poner un final. Otros ejemplos son los cristales de hielo o los copos de nieve. Cada cristal o cada copo está formado por partes que son similares, a una escala menor, al objeto entero, y cada una de esas partes está formada por partes que son similares, a una escala todavía menor, a las partes anteriores y al objeto entero, y así sucesivamente. Estos objetos recursivos, que abundan en la naturaleza, también reciben el nombre de *objetos fractales*.

Como los objetos recursivos, los algoritmos recursivos son procedimientos que se contienen a sí mismos. Por ejemplo, consideremos el siguiente procedimiento, propuesto por el matemático sueco Helge von Koch en 1904: 1) toma cada segmento de un triángulo equilátero, 2) divídelo en tres partes iguales, 3) elimina el segmento central, 4) construye un triángulo equilátero cuya base sea el segmento eliminado, 5) otra vez 1). El procedimiento contiene una secuencia de pasos que se suceden siguiendo unas instrucciones; es, por tanto, un algoritmo. En la actualidad este algoritmo en concreto se utiliza para explicar matemáticamente la formación de cristales y copos de nieve. Pero la peculiaridad de este tipo de algoritmos es que en su último paso remiten al primero, de tal manera que el procedimiento no tiene un principio y un final, como ocurría en el caso del algoritmo de la máquina de café —que comenzaba con la introducción de una moneda y finalizaba con el café humeante en la apertura delantera de la máquina—; el procedimiento generado por el algoritmo recursivo nunca acaba. El algoritmo es recursivo porque contiene infinitas vueltas o iteraciones, de tal manera que el procedimiento se repite indefinidamente, vuelve una y otra vez sobre sí mismo y no tiene un punto final.

Lo más relevante del asunto es que, aunque el procedimiento se repita una y otra vez, el resultado no es siempre el mismo. Como decía antes, al ejecutarse el algoritmo emerge un objeto, por ejemplo, una estrella de seis puntas al ejecutarse en su primera iteración el algoritmo de Koch sobre un triángulo equilátero (ver figura 1). Pero la segunda iteración se ejecuta sobre el objeto anterior, de tal manera que el resultado del procedimiento es, en esta ocasión, un nuevo objeto completamente diferente al anterior. La importancia del hecho radica en que las propiedades del objeto que emerge no se encuentran en el objeto anterior, sino que son completamente nuevas, y una segunda iteración hace que emerja un nuevo objeto con nuevas propiedades que no se encuentran en el objeto anterior, y así indefinidamente.

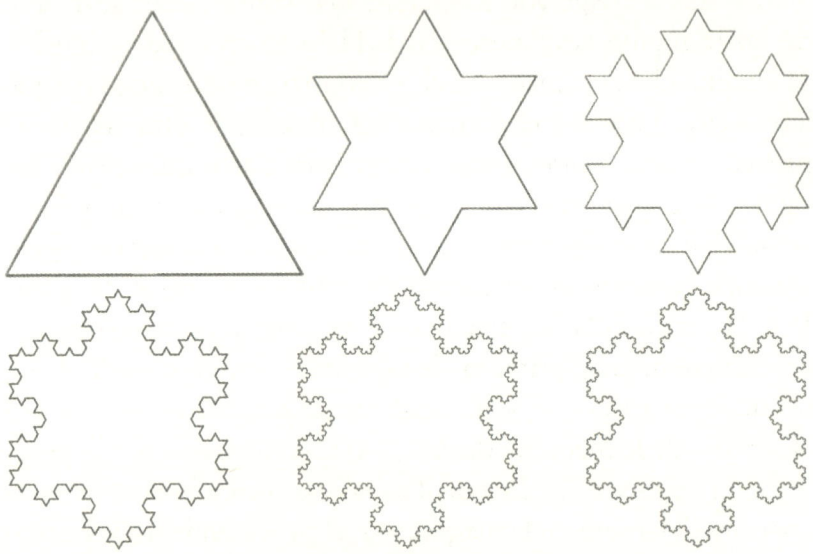

Figura 1. Curva de Koch después de 1, 2, 3, 4 y 5 iteraciones realizadas en la construcción.

Esto es lo que ocurre en toda la materia, en toda la naturaleza y en todos sus niveles, desde las partículas subatómicas hasta las estructuras neuronales y sinápticas del cerebro, pasando por las reacciones químicas y la formación de moléculas y compuestos. En todos los casos, una enorme cantidad de algoritmos recursivos —sorprendentemente simples por el reducido número de variables que contienen— operan produciéndose la emergencia de objetos cada vez más complejos, con propiedades completamente nuevas que no se encuentran en los objetos de los niveles inferiores de iteración. Esta es la idea que Turing entendía a medias en 1936, pero que clarificó cada vez con más precisión a partir de 1945. En 1950, cuando publica lo que se considera el artículo fundacional de la inteligencia artificial, titulado «Maquinaria computacional e inteligencia», ya tenía del todo claro que el pensamiento humano, la inteligencia, la conciencia, e incluso los sentimientos, se podían entender como fenómenos emergentes generados por una enorme cantidad de algoritmos recursivos que operan en nuestra materia biológica y, más en concreto, en nuestro sistema nervioso y en nuestro cerebro. No hay que suponer la existencia de una sustancia especial como el alma o la mente para explicar la subjetividad humana, se puede explicar simplemente mediante algoritmos recursivos que operan en la materia.

Efectivamente, para que surjan la inteligencia y la subjetividad humana se necesita que los algoritmos recursivos ejecuten una enorme cantidad de iteraciones en sucesivos niveles y vayan emergiendo objetos y procesos, en sucesivos niveles, sobre los que operan los algoritmos. Es decir, la inteligencia y los fenómenos subjetivos solo pueden aparecer en seres con el suficiente grado de complejidad, entre los que nos encontramos los humanos. Pero cabe esperar que otros seres naturales tengan el grado de complejidad suficiente como para que en ellos surjan fenómenos subjetivos como los sentimientos, la conciencia o la inteligencia. En la actualidad se hace cada vez más difícil negar estos fenómenos en animales vertebrados, y recientes estudios plantean la posibilidad de que también surjan en el reino vegetal. Lo que no podemos esperar es que piensen como nosotros, tengan los mismos sentimientos que nosotros y una inteligencia similar a la nuestra. Deberíamos comenzar a considerar que en la naturaleza puede haber formas distintas de pensar o sentir, así como distintos tipos de inteligencias y múltiples grados en cada tipo. Y todo ello no solo dentro del reino animal o vegetal, sino incluso dentro de los propios seres humanos.

Para Turing, entender la subjetividad humana y la inteligencia como fenómenos emergentes de algoritmos recursivos no solo abre la posibilidad de reconocer pensamiento, subjetividad e inteligencia en otros seres naturales, sino también la posibilidad de generar pensamiento, subjetividad e inteligencia en máquinas que contengan algoritmos recursivos similares a los que operan en la biología humana. Aquí está el origen de la inteligencia artificial. Si consiguiésemos tener máquinas computadoras con la suficiente velocidad de procesamiento y con la suficiente capacidad de almacenamiento como para replicar los algoritmos recursivos que existen en la naturaleza, entonces podríamos generar artificialmente todo lo que se genera en la naturaleza, ya sean cristales de hielo, copos de nieve, hojas y raíces de árboles, olas marinas, líneas de costa, montañas y valles, órganos biológicos como corazones o pulmones, y también —este sería para Turing el logro más importante de la historia de la humanidad— pensamiento, subjetividad e inteligencia. Turing sabía que en 1950 todavía no había tecnología para construir esas máquinas, ni se conocían los algoritmos recursivos que operan en la naturaleza. Él decía que habría que esperar un poco más de cincuenta años para conseguir todo eso. Y no se equivocó.

El amor es una emergencia

¿Se puede explicar el amor desde la física, la química, la biología y los algoritmos recursivos? Turing decía que sí; el amor es una *emergencia* más de las muchas que ocurren en los humanos. La pregunta se plantea en *The One,* serie británica estrenada en

2021, basada en el libro homónimo de John Marrs y dirigida por Jeremy Lovering, Catherin Morshead y Brady Hood. Y también en *TiMER,* película de Jac Schaeffer estrenada en 2009; en el magnífico episodio «Hang the DJ» (4x04) de la cuarta temporada de *Black Mirror* (Charlie Brooker, 2011); en «Matchmaker» (1x01) de *Dimension 404* (Will Campos, Desmond Dolly, Daniel Johnson y David Welch, 2017); y en los seis capítulos de la primera temporada de *Soulmates* (William Bridges y Brett Goldstein, 2020).

Descartes decía que los sentimientos son efectos en el alma de la actividad del cuerpo. Sin alma solo habría actividad mecánica de las partículas que componen la materia de nuestro cuerpo, pero no sentimientos. Es lo que ocurre, según Descartes, en los animales, que, teniendo sentidos, nervios, cerebro y todas las disposiciones y funciones corporales necesarias, no tienen alma en la que se generen sentimientos, ni siquiera un sentimiento tan básico como el dolor. Son nada más que máquinas inanimadas e insensibles. Un perro golpeado ladra, pero no porque sienta dolor, sino porque chilla como lo hace una gaita cuando es presionada.

Rebecca Webb, la protagonista de la serie *The One,* descubre en sus estudios de biología que un segmento genético compartido por dos personas las predispone a enamorarse y pasar la vida juntas. A partir de este descubrimiento crea la web de citas que da nombre a la serie, encargada de realizar análisis genéticos de millones de personas —para ello basta con enviar un mechón de pelo por correo— y establecer emparejamientos definitivos. Un argumento similar tiene *Soulmates.* En este caso, la compañía Soul Connex busca la partícula del alma, situada en la base de la córnea del ojo izquierdo, que vibra con una frecuencia que, en principio, comparten solo dos personas en el mundo.

Se trata, por tanto, de encontrar a las personas que comparten frecuencias para lograr los emparejamientos perfectos y el amor verdadero. En ninguna de las dos series se niega la realidad del amor, sino que se entiende científicamente como una *emergencia* producida por la base física, química y biológica que nos constituye a los humanos. A diferencia de Descartes, la ciencia actual no necesita suponer la existencia del alma o de la mente para entender la realidad de los sentimientos.

«Hang the DJ» nos cuenta la romántica historia de Amy y Frank, dos avatares de dos personajes reales que prueban su compatibilidad amorosa tratando de unir a sus versiones virtuales un millar de veces. Tras novecientas noventa y ocho simulaciones que finalizan con éxito, la relación de los verdaderos personajes comienza al final del episodio con un intercambio de sonrisas entre ambos mientras suena el tema «Panic» de The Smiths, cuyo estribillo repite la frase «Hang the DJ» (cuelguen al DJ). Este capítulo de *Black Mirror* nos recuerda las ideas de Turing: con independencia de la base física o química del *hardware,* con independencia de que nuestro cuerpo o el de una máquina estén hechos de carbono o de silicio, de huesos, músculos y sangre o de acero, cables y disoluciones de iones de litio o sodio, lo importante es entender que el amor es una *emergencia* producida por los algoritmos que operan en una base material u otra.

El director Shaw Levy presenta en la película *Free Guy* (2021) un videojuego de mundo abierto en el que hay personajes que dependen de los jugadores y personajes de relleno que no dependen de jugadores, pero interactúan con ellos. Guy es un personaje no jugador que todos los días se levanta alegremente para ir a trabajar como cajero en un banco, todos los días recibe ataques de los avatares de los jugadores, todos los días es atropellado, todos los días es hecho rehén en un atraco y todos los días establece la misma conversación con el guardia de seguridad de su banco. Hasta que uno de esos días Chica Molotov le da unas gafas de sol y descubre la ciudad, Free City, tal y como la ven los jugadores, tomando conciencia de que no es más que un personaje de un videojuego.

Guy y Chica Molotov se sienten dolidos, él cuando toma conciencia de que ha vivido en un engaño y ella cuando sabe que Free City va a ser borrada del servidor de Soonami para dar paso a Free City 2. A partir de ese momento, Guy actúa con independencia de la programación del juego y se convierte en un héroe. Lo que intenta transmitir la película es una idea profundamente metafísica: el dolor no es producto de un *software,* sino algo distinto, a partir de lo cual surge la conciencia, la identidad personal, el amor y la libertad. El dolor es lo que convierte en humanos a dos personajes del videojuego, Guy y Chica Molotov. Pero Turing mantiene algo muy distinto: también el dolor es una *emergencia* algorítmica, de la cual quizá puedan surgir otras, como son precisamente la conciencia, la identidad personal, el amor y la libertad.

El éxito de un fracaso

El trabajo de Turing a partir del año 1935 estaba destinado a la construcción de algoritmos y máquinas computadoras capaces de alcanzar todas las verdades sin recurrir a la intuición. En el artículo de 1936 define dos tipos de máquinas computadoras: las *a-machines (automatic machines),* que tienen un comportamiento completamente determinado por las instrucciones que se le han proporcionado, y las *c-machines (choice machines),* cuyo comportamiento está determinado en una parte por las instrucciones recibidas y en otra por las que le va proporcionando un operador externo. Las *c-machines* se corresponden con las máquinas que actualmente se comunican con una base de datos externa, como puede ser la World Wide Web. Las *a-machines* están en todo momento desconectadas de la red y su comportamiento responde a la configuración que se le instaló. Una máquina expendedora, un robot aspirador o un robot de cocina son máquinas de este tipo mientras no tengan conexión a la red; si la tienen, entonces se convierten en *c-machines*. La genialidad del artículo consiste en definir lo que es un procedimiento mecánico, es decir, una máquina computadora, de esta manera tan simple:

1. Una cinta dividida en celdas, que se extiende indefinidamente en ambas direcciones.
2. Cada celda contiene un único símbolo, que puede ser 0 o 1.
3. Un cabezal, que es a la vez de lectura y de escritura, se desplaza obedeciendo unas reglas (es decir, una configuración).
4. El cabezal puede comportarse de tres maneras: ir hacia la derecha, ir hacia la izquierda o permanecer en la misma celda. Y opera sobre la cinta de dos maneras: reemplazando un símbolo por otro o reescribiendo el mismo símbolo. En cada caso, toma la decisión de avanzar o retroceder una posición en la cinta, o permanecer en la misma celda.

¡Tenemos ante nuestros ojos la primera máquina computadora! Incluso los modernos ordenadores de hoy no son más que artilugios que operan siguiendo el procedimiento mecánico ideado por Turing. La tecnología que utilizamos para construir estas máquinas ha cambiado mucho desde entonces hasta nuestros días. Las primeras computadoras se hacían con válvulas de vacío y kilómetros de cable, para reprogramarlas había que recablearlas, ocupaban habitaciones enteras, operaban muy lentamente y no tenían capacidad de almacenamiento. Hoy se construyen con microchips, las llevamos en la mano, se reprograman continuamente *online,* operan de manera casi instantánea y su capacidad de almacenamiento se mide en terabytes. Pero todas, las de antes y las de ahora, siguen el mismo procedimiento mecánico.

Turing llamaba *máquina intuitiva* a cualquier artilugio capaz de seguir su procedimiento mecánico. No porque el artilugio tuviese intuición, sino porque, sin tenerla, tendría que ser capaz de alcanzar todas las verdades, incluso las intuitivas. Pero, ¿consigue Turing demostrar en el artículo que su máquina computadora es capaz de tal hazaña? La respuesta es no. En un ejemplo de honradez intelectual, deja bien claro que a través de procedimientos mecánicos no se pueden demostrar todas las verdades y que, por consiguiente, la intuición humana es más poderosa que cualquier máquina computadora. Por mucho que avancen y se perfeccionen, incluso aunque las conectemos a la red y sean capaces de aprender y cambiar su configuración por sí mismas, siempre quedarán verdades accesibles en exclusiva a la intuición humana. Este es el privilegio de nuestra especie.

Unos años después, Turing reconoció que su trabajo de 1936 fue un gran éxito derivado de un gran fracaso. Esto es algo muy habitual en el desarrollo de la ciencia: grandes avances de los que hoy disfrutamos surgen de resultados contrarios a los buscados por los científicos. Gödel entendió inmediatamente que Turing no solo había apoyado sus propias conclusiones del año 1931, sino que las ampliaba, en la medida en que quedaba demostrado que las verdades intuitivas no podían ser demostradas por procedimientos lógicos, como él había dicho, ni tampoco por procedimientos mecánicos, tal y como Turing había puesto de manifiesto. «¡La intuición y la mente humana nunca podrán ser sustituidas por una máquina!», espetaba Gödel. En el año 1936 la satisfacción entre los filósofos y matemáticos que creían en la intuición era generalizada, aunque los formalistas seguían sin tirar la toalla. Tampoco Turing.

En septiembre de 1936 Turing se va al Departamento de Matemáticas de Princeton invitado por Alonzo Church, uno de los más reputados lógicos y matemáticos del momento. Allí comienza a trabajar en su tesis doctoral con objetivos menos ambiciosos: ya no pretende erradicar la intuición de la matemática, sino «controlarla». Sin embargo, en el punto once de su tesis, presentada en 1938, acaba reconociendo con naturalidad que aunque su objetivo había ido de nuevo en la misma dirección que la seguida por los matemáticos formalistas, finalmente ha acabado en el extremo opuesto. La intuición realiza juicios espontáneos que no son el resultado de un hilo de razonamientos conscientes y, sin embargo —y sin saber cómo ni por qué—, los juicios alcanzados por ella son correctos. Precisamente porque todo esto le resulta un misterio, quiere sustituir la intuición por lo que llama *el ingenio* (en el sentido de *ingeniería*), es decir, por una serie de reglas lógicas que podemos seguir paso a paso o por un procedimiento mecánico que podrían desarrollar los humanos computadoras o, con más rapidez, las máquinas computadoras. Pero, como él mismo reconoce en su tesis doctoral, vuelve a fracasar y se ve obligado a afirmar, una vez más y a su pesar, que la intuición es imprescindible, que es una capacidad exclusivamente humana, que no es un algoritmo y que las máquinas ni pueden, ni podrán, intuir o pensar.

Sin embargo, Turing tampoco se rinde en esta ocasión. Sigue buscando la manera de evitar las rotundas conclusiones a las que tanto él como Gödel habían llegado. Será un poco más tarde, a partir de 1950, cuando defienda abiertamente, tanto en artículos como en programas de radio y televisión, la posibilidad de máquinas computadores pensantes y de una inteligencia artificial. La cuestión entonces es: ¿por qué en 1950 ve posible lo que era imposible en 1938?, ¿qué lleva a Turing a cambiar de opinión? Fue algo que no le pasó solo a él, sino a toda Gran Bretaña y a medio mundo: la Segunda Guerra Mundial.

5. La guerra

En la Edad Media nadie se creía capaz de determinar por sí mismo lo verdadero y lo falso, lo bueno y lo malo, lo hermoso y lo feo. Esto era imposible para unos humanos que se veían más cerca de los animales que de los dioses, con una voluntad débil, deseos cambiantes, opiniones infundadas y sentimientos superficiales. Por aquel entonces nos considerábamos a nosotros mismos seres caprichosos, frívolos, antojadizos, inconstantes, inestables. La idea de Dios era la única que aportaba el sentido y la autoridad necesarios para aunar voluntades, definir un proyecto colectivo, construir una sociedad y trabajar conjuntamente en la consecución de objetivos tanto propios como comunes. Creíamos que solo ligados a Dios y constituidos en un pueblo podría salir a la luz lo divino que se esconde en nuestra alma y superar nuestra naturaleza animal. La verdad, la bondad y la belleza se convirtieron en los faros que orientaban nuestra vida más excelsa, porque suponíamos que no eran creaciones humanas, sino del mismísimo Dios. Si Isabel I de Castilla o el carpintero del castillo de Fuensaldaña tenían dudas de pensamiento o acción, no esperaban resolverlas escuchando su voz interior, sino la voz de Dios, que resuena en nuestra alma a través del rezo o a través del cura.

Isabel I muere en 1504, en la encrucijada entre la Edad Media y la Edad Moderna. Cuando en 1642 escribe Descartes las *Meditaciones metafísicas,* Europa ha cambiado lo suficiente como para asumir que la verdad no es cosa de oraciones ni del clero, sino de la razón, la ciencia y la filosofía. Si alguien pregunta si la Tierra realmente se mueve o cuál es la causa de las mareas, todavía se encuentra con teólogos que le remiten a las Sagradas Escrituras para escudriñar el texto e interpretar el sentido de la Palabra de Dios. Pero la nueva ciencia de Copérnico, Kepler, Galileo o Descartes le invitan a otra cosa: a realizar pacientemente observaciones y a dejarse conducir por la razón y las matemáticas. Libros como las *Meditaciones* de Descartes y la *Crítica de la razón pura* de Kant son inmensas construcciones que se encargan de definir a los humanos como seres individuales y libres, cargados de una razón que les permite mantener estables el pensamiento y la acción. La propaganda que difunde la Ilustración es que, por fin, hemos alcanzado la mayoría de edad y que estar a la altura significa dejar de comportarnos como niños caprichosos dependientes de sus padres o de Dios. Ahora somos autónomos y no necesitamos mirar al cielo para saber qué hacer o pensar, sino mirar a nuestro yo más interno, que cuando no está contaminado por ideología, prejuicios, vicios o deseos se despliega atendiendo a la ley de la razón que habita en todos por igual y es capaz de conocer por sí misma la verdad, la justicia y la belleza.

Esta nueva manera de entendernos los humanos genera consecuencias de todo tipo en distintos ámbitos. Una de ellas es la Revolución francesa; otras son el liberalismo, el capitalismo y la democracia. El resultado final es un mundo nuevo en el que impera la razón y la idea de Dios tiene cada vez menos importancia. Lo que entonces no supimos ver y ahora se nos impone cada vez con más fuerza es que muerto Dios, muerto el hombre.

BLETCHLEY PARK

A ochenta kilómetros de Londres y una hora de tren, cerca de Oxford y Cambridge y con línea telefónica, se encontraba una finca de más de veinte hectáreas en la que se había construido una gran mansión de estilo victoriano. A partir de 1939 el servicio de inteligencia británico comienza a usarla como Cuartel General de Comunicaciones del Gobierno y la Escuela de Cifrado. Hasta allí se desplazan los mejores matemáticos y criptoanalistas del país con el fin de descifrar los mensajes que recibían los submarinos alemanes del canal de la Mancha. Entre ellos, Alan Turing, que ve la situación y escribe a Churchill diciéndole: «Hacen falta más manos». Y Churchill ordena contratar más personal, hasta llegar a la cifra de diez mil en 1945.

Los cifrados alemanes se generaban con la máquina Enigma, que estaba comercializada desde 1920 pero que había sido convenientemente modificada por el ejército nazi. El método de Turing para descifrar se basaba en eliminar un número muy grande de posibles soluciones para los códigos de Enigma, buscando combinaciones en las que hubiera contradicciones. Ello se hacía en una máquina de origen polaco a la que llamaban la Bomba por los tremendos ruidos que hacía cuando finalizaba los cálculos. El número de combinaciones posibles que había que comprobar para descifrar los códigos era abrumador para la intuición humana. Pero con los procedimientos adecuados, aquella máquina podía cumplir con la tarea de simplificar posibilidades. Lo que no se podía resolver con la intuición se pudo resolver, finalmente, a través de la mecánica de los algoritmos.

En 1941 los alemanes comienzan a operar una nueva máquina de cifrado, Tunny, que utilizaba doce rotores en lugar de los tres de Enigma. En Bletchley se extiende la preocupación, porque justo cuando se está consiguiendo descifrar de manera acertada y rápida la codificación de Enigma, surge un nuevo código de naturaleza desconocida. En enero de 1942, Bill Tutte consigue explicar el comportamiento de Tunny sin tener conocimiento del funcionamiento de la máquina. El trabajo de Tutte hizo posible que a las pocas semanas Turing ideara un método en papel para descifrar los mensajes de Tunny. Este momento fue determinante en el transcurso de la guerra, porque el descifrado permitió comenzar a preparar en mayo de 1943 la operación Bodyguard, cuyo objetivo era engañar a los alemanes sobre la fecha y la localización del desembarco de las tropas aliadas en Francia. Como sabemos, la operación anfibia dio comienzo el 6 de junio de 1944 en las playas de Normandía. Un asalto aerotransportado llevado a cabo por doscientas aeronaves precedió al desembarco anfibio que involucró a cinco mil barcos y ciento sesenta mil solados. Era el principio del fin de la Segunda Guerra Mundial.

A mediados de 1942 Newman deja Cambridge para trabajar en Bletchley Park. Cuando llega, se empeña en construir una máquina capaz de retar a Tunny. Para aumentar su velocidad de cálculo propone usar los circuitos electrónicos que había visto en el laboratorio Cavendish de Cambridge. Por otro lado, desde 1940 Tommy Flowers, especialista en ingeniería de válvulas electrónicas para procesamientos digitales a gran escala y velocidad, estaba ayudando a Turing a mejorar el comportamiento del descifrado de la máquina Bomba. A Turing y Newman se les ocurre juntar la tecnología de circuitos electrónicos y de válvulas para construir una máquina totalmente electrónica con la velocidad y fiabilidad suficientes como para vencer a Tunny. Intentan persuadir a Edward Travis, jefe de Bletchley, de las bondades del proyecto, pero finalmente no lo aprobó debido a que los filamentos incandescentes de las válvulas se rompían con demasiada facilidad. Sin embargo, Flowers sabía cómo hacer válvulas fiables, así que, sin que nadie en Bletchley supiera nada excepto Turing y Newman, comenzó a construir la nueva máquina en el laboratorio de ingeniería donde había trabajado. El proyecto en secreto culminó con la construcción de Coloso, el primer ordenador electrónico digital. En enero de 1944, varios camiones llegaron a Bletchley transportando una enorme y desconocida maquinaria. Cuando terminó su instalación, todos se sorprendieron de la velocidad y fiabilidad con la que realizaba los cálculos. En poco tiempo el número de desciframientos de mensajes alemanes se quintuplicó.

Las autoridades militares pidieron la construcción de más máquinas Coloso y en junio de 1944 se puso en marcha Coloso II. Cuando terminó la guerra, Newman estaba a cargo de las diez máquinas de este tipo que había en Bletchley Park, de las cuales se destruyeron al menos ocho por orden, al parecer, del propio Churchill, empeñado en proteger los secretos de Estado. Fue una decisión errónea que retrasó el desarrollo de la computación británica respecto de la americana. Al mismo tiempo que Coloso era instalado en secreto en Bletchley Park, se trabajaba en la Universidad de Pensilvania en el desarrollo de ENIAC (Electronic Numerical Integrator and Computer), una calculadora de gran velocidad para confeccionar las tablas de tiro de la artillería. Fue presentado en 1946 con todo el apoyo y publicidad por parte del gobierno americano y de los medios de comunicación de la época. Tanto molestó el acontecimiento al National Physical Laboratory de Londres, que inmediatamente contactó con Turing para desarrollar un ordenador electrónico de programa almacenado, al que llamaron ACE (Automatic Computing Engine). Turing sabía que el éxito de la computación dependía de la memoria y la velocidad de procesamiento, y consiguió construir una máquina similar a los primeros Macintosh de Appel, algo descomunal para los estándares de la época. Los medios de comunicación británicos publicaron con orgullo: «ACE es superior al modelo estadounidense: tiene más capacidad de memoria», «ACE acelerará los vuelos en reactor; resolverá los problemas de aerodinámica», «Puede que ACE sea el cerebro más veloz», «El trabajo de un mes en un minuto».

UNA ILUSORIA SENSACIÓN DE SUPERIORIDAD

Antes de la guerra, Turing había querido demostrar que es posible una máquina capaz de pensar como los humanos, pero no lo había conseguido. Lo que demostró fue más bien lo contrario: que, aunque construyamos sistemas computables cada vez más potentes, siempre quedan verdades accesibles a la mente y la intuición que permanecen fuera del alcance de estos sistemas. Todavía en ese momento parecía imposible negar esa asombrosa capacidad exclusiva de los humanos consistente en reconocer directamente mediante la inteligencia verdades que no se pueden demostrar mediante procedimientos lógicos ni mecánicos. Sin embargo, hemos visto que durante la guerra Turing protagonizó un brutal desarrollo de las máquinas computadoras, cada vez más veloces, más fiables y capaces de resolver más problemas en ámbitos cada vez más distintos. Los códigos irresolubles para una máquina Bomba fueron resueltos por una máquina Coloso, y la velocidad de resolución aumentó con Coloso II. Por otro lado, ENIAC hizo posible que los cálculos requeridos por el cuerpo de artilleros, que necesitaban de cientos de hombres y mujeres computadoras y de largos periodos de tiempo para su resolución, se realizasen en pocos días. Después de la guerra, se desarrolló el proyecto ACE con el objetivo de construir una máquina universal de programa almacenado que se pudiera utilizar no solo en el ámbito militar, sino también en la industria civil, en los laboratorios de investigación, en las universidades o en las distintas administraciones del Estado. Los problemas que en un determinado momento parecían irresolubles por las máquinas y solo al alcance del conocimiento humano, amplificado a través del trabajo colaborativo de cientos de personas, se resolvían a través de algoritmos o programas ejecutados por máquinas con sistemas computacionales cada vez más potentes. Por supuesto que hay un límite para la deducibilidad y la computabilidad, tal y como habían mostrado Gödel y Turing, respectivamente, con anterioridad a 1938. Por consiguiente, para cada nueva máquina computadora encontraremos problemas irresolubles que requerirán del concurso del pensamiento humano. Pero, después del desarrollo de los sistemas computacionales realizado durante la guerra y de ir resolviendo un problema tras otro con sistemas cada vez más potentes que superan continuamente a los anteriores, la cuestión clave que se plantea es: ¿habrá problemas que no se puedan resolver computacionalmente?, ¿habrá un límite absoluto y definitivo que no se pueda superar con ningún sistema computacional?, ¿o mediante sistemas computacionales cada vez más potentes podremos ir resolviendo todos los problemas que surjan y llegar incluso hasta donde la intuición y la inteligencia humana no pueden hacerlo?

Para responder a estas preguntas, Turing escribe en 1950 su famoso artículo «Maquinaria computacional e inteligencia». Su visión sobre el trabajo que tanto él como Gödel hicieron antes de la guerra ha cambiado por completo. Sigue aceptando que cada sistema lógico y computacional tiene un límite y que, por tanto, hay enunciados que la inteligencia humana asume como verdaderos que no pueden ser demostrados en un sistema lógico o por una determinada máquina. Pero ahora insiste en algo a lo que antes no había concedido tanta importancia: es posible construir otra máquina computadora más potente que sí pueda demostrarlos. Ya sabemos que para esa nueva máquina también encontraremos nuevos enunciados que no podrá demostrar y que, sin embargo, la inteligencia humana asumirá como correctos e incluso como verdaderos. Pero, una vez más, construiremos una nueva máquina, más potente que la anterior, que sí los podrá demostrar. Y otra vez: para esa nueva máquina también encontraremos nuevos enunciados que no podrá demostrar, etc. Estamos en medio de una carrera entre la mente y la máquina: primero se adelanta la mente, luego es alcanzada por la máquina, de nuevo se adelanta la mente, que de nuevo es alcanzada por la máquina... ¿Hasta cuándo? ¿Hay final en esta carrera entre mente y máquina?

A juicio de Turing, el desarrollo de la computación durante la guerra ha puesto de manifiesto que máquinas computadoras cada vez más potentes son capaces de desarrollar mejor y más rápidamente tareas que hasta ese momento habían sido realizadas en exclusiva por humanos. Si pensamos, como Gödel y él mismo antes de la guerra, que por muy potentes que sean los nuevos sistemas computacionales siempre habrá tareas y comportamientos que solo la mente humana podrá realizar, es porque en el fondo suponemos que la mente humana tiene una *ilimitada* capacidad y, por consiguiente, siempre adelantará a las máquinas por muy potentes que sean. Pero esta es la cuestión: ¿qué justifica esta suposición?, ¿por qué damos por sentado que siempre habrá tareas y comportamientos que las máquinas no podrán ejecutar por mucho que avancen y, en cambio, la inteligencia humana sí podrá abordar?, ¿por qué —se pregunta Turing— «suponemos que hay una discapacidad en las máquinas que, sin embargo, el intelecto humano no posee»?, ¿por qué suponemos que las máquinas nunca ganarán la carrera con la inteligencia humana?

Es importante señalar que Turing no dice que las máquinas acabarán realizando todas las tareas que realiza la inteligencia humana (e incluso más). Y tampoco dice que no puedan hacerlo, esto es, que al final del pleno desarrollo de la computación siempre quedarán algunas tareas que solo podrá realizar la inteligencia humana. Turing no dice ni una cosa, ni la otra. Lo que dice es que *a priori,* esto es, al margen de la experiencia, no podemos saber si las máquinas acabarán sustituyendo o no a la inteligencia humana. Eso es algo que tenemos que comprobar en la experiencia, algo que tenemos que ir viendo conforme van avanzando los sistemas computacionales. Si en algún momento nos encontramos con una tarea desarrollada por la inteligencia humana que no puede ser reducida a algoritmos y que no puede ser desarrollada por ningún sistema computacional, entonces diremos que la computación tiene un límite y que la mente es más poderosa que la máquina computadora. Pero mientras tal cosa no ocurra, no podemos afirmar —si somos rigurosos y nos desprendemos de nuestros prejuicios culturales, filosóficos, morales o religiosos— esa superioridad de la mente sobre la máquina. Por esta razón propone Turing trabajar en el desarrollo de sistemas computacionales cada vez más potentes que permitan ejecutar un número cada vez mayor de tareas y comportamientos humanos. Se trata de ir avanzando poco a poco, a lo largo de muchos años y muchas generaciones, en la reducción de procesos humanos a procedimientos computacionales ejecutables por máquinas. Y ya veremos hasta dónde llegamos y si nos encontramos en algún momento con alguna tarea que no pueda ser realizada por las máquinas. Así que, en 1950, Turing propone a la comunidad científica y a la sociedad en su conjunto un larguísimo proyecto de investigación, que ha de ocupar a un gran número de investigadores durante seis, siete u ocho décadas, que consiste en desarrollar máquinas computadoras cada vez más potentes (lo cual quiere decir: más veloces y con más capacidad de almacenamiento) y en reducir las tareas realizadas por la inteligencia humana a algoritmos, con el fin de que sean ejecutados por las máquinas y sean las máquinas mismas las que acaben realizando esas tareas.

Repito la idea de Turing: en la carrera entre humanos y máquinas quizá lleguemos a un punto en el que nos encontremos con procesos humanos imposibles de reproducir por sistemas computacionales y de ser realizados por máquinas. Si esto ocurre, tendremos que reconocer que la mente humana es superior a cualquier máquina y los humanos nos declararemos ganadores de la carrera. Pero, mientras no ocurra —y hasta el momento no ha ocurrido— sería ridículo declararnos ganadores por adelantado. ¿Por qué —insiste Turing— supusimos antes de la guerra, sin ningún tipo de prueba, que la inteligencia humana y la intuición siempre quedarían por delante de las máquinas? Este es el fondo del asunto que Turing ahora saca a la luz: durante toda la historia hemos supuesto la superioridad de la mente humana, simplemente por la influencia de la religión y la filosofía occidental, que nos han instalado en una «ilusoria sensación de superioridad» al considerarnos, o bien hijos de Dios, o bien hijos de la razón. Pero puede ocurrir que no seamos ni lo uno ni lo otro, sino seres hechos nada más que de materia y algoritmos, y que nuestro pensamiento y nuestra inteligencia no sean productos del alma, sino de la materia y los algoritmos, que es, precisamente, de lo que están hechas las máquinas computadoras.

EL JUEGO DE LA IMITACIÓN

Si consiguiéramos reproducir todos y cada uno de los comportamientos humanos mediante algoritmos ejecutables por una máquina computadora, ¿diríamos que la máquina piensa? Turing responde con el famoso juego de la imitación. Se juega con una persona, una máquina y un interrogador. Este se encuentra en una habitación distinta a los otros dos participantes. El objetivo del juego es que el interrogador identifique a la persona y a la máquina mediante preguntas. Para evitar que la voz sirva de ayuda, las preguntas y las respuestas deben ser escritas. Si después de que el interrogador haya realizado las preguntas no es capaz de distinguir entre la persona y la máquina, ¿podría afirmar justificadamente que la máquina piensa? Veámoslo desde una perspectiva más actual. Cada vez más personas se relacionan cotidianamente y con absoluta naturalidad con el ChatGPT o con DeepSeek, los dos chatbots más famosos potenciados por IA. En una noticia de enero de 2024 publicada por varios periódicos se hacía referencia al hecho de que estos sistemas se están utilizando por un número cada vez mayor de usuarios para terapia psicológica. Son muchos los que han decidido sustituir a su psicólogo por el ChatGPT. Si atribuimos pensamiento, conocimiento e inteligencia a nuestro psicólogo, ¿por qué no se lo vamos a atribuir a nuestro ChatGPT? Veamos otro caso. Japón es en la actualidad la sociedad más robotizada. Son muchas las residencias y centros de ancianos que utilizan robots potenciados por IA para acompañar a los ancianos, hablar y pasear con ellos, recordarles su medicación y consultas médicas, ayudarles en diversas tareas, etc. Hasta el punto de que se genera una relación, incluso sentimental, entre los ancianos y las máquinas. Si un cuidador humano hiciera lo mismo, todos le atribuiríamos pensamiento, inteligencia y sentimientos. La pregunta que surge es obvia: ¿por qué no le podemos atribuir pensamiento (y hasta sentimientos) a ese cuidador artificial que es el robot potenciado por IA?

Podemos responder: depende de lo que se entienda por pensamiento. A Turing se le notaba incómodo cuando en las entrevistas de radio y televisión le pedían una definición de lo que es el pensamiento. Prefería no hacerlo y ceñirse al juego de la imitación. De esta manera evitaba definir el pensamiento basándose en estados psíquicos o subjetivos, como son la alegría, la tristeza, el sentirse cansado, deprimido, enojado, etc. Esto es lo que hacían los biólogos, médicos y neurólogos de su época, pero a Turing no le gustaba nada esa manera de entender el pensamiento y los criticaba despiadadamente. ¿Por qué? Muy sencillo: porque cada cual tiene conocimiento de sus propios estados mentales, pero no tiene conocimiento de los estados mentales de los demás. Por ello, si llegamos a la conclusión de que otros seres humanos piensan como nosotros, no puede ser porque reconozcamos en ellos estados mentales, sino porque reconocemos en ellos una determinada forma de comportarse. Si estoy convencido de que mis amigos piensan, no es porque me haya metido en su mente y haya reconocido sus estados mentales, sino porque veo que son capaces de comportarse de una determinada manera. Siendo consecuentes con este planteamiento, si tengo delante una máquina computadora o un robot que se comporta exactamente igual que mis amigos, exactamente igual en todos los aspectos, entonces tendré que decir que mis amigos piensan y que la máquina también piensa. Es más: si lo que tenemos delante es una máquina computadora o un robot que imita exactamente y por completo el comportamiento humano, me será imposible saber si se trata de una máquina o de un ser humano. Esto es, en definitiva, lo que nos quiere decir Turing con el juego de la imitación. Si la máquina se comporta exactamente como un ser humano y, a pesar de ello, seguimos diciendo que la máquina no piensa, no será por razones objetivas, sino más bien por nuestros prejuicios ideológicos, filosóficos o religiosos.

A partir de aquí, el proyecto de Turing se pone en marcha: se trata de imitar todos los comportamientos humanos con sistemas computacionales capaces de procesar algoritmos recursivos. Por supuesto, me refiero a imitar computacionalmente comportamientos cotidianos como realizar movimientos, mantener una conversación sobre cualquier tema o realizar determinadas tareas, pero también me refiero a imitar computacionalmente comportamientos cerebrales y del sistema nervioso, de tal manera que las máquinas puedan tener recuerdos, emociones, sentimientos, conciencia, autoconciencia y, en definitiva, estados mentales y subjetividad.

Al hablar de los estados mentales de las máquinas es muy importante tener en cuenta que no podemos suponer que sean completamente semejantes a los estados mentales de los humanos. Quizá haya estados mentales humanos que las máquinas nunca puedan tener y quizá surjan en las máquinas estados mentales que los humanos nunca hemos tenido y nunca tendremos. Para entender esto en toda su profundidad tengamos en cuenta que, como veremos en el capítulo 7, tampoco podemos suponer que los estados mentales humanos son los mismos en todos los seres humanos de todas las culturas, todos los grupos sociales, todos los pueblos, todas las razas, todas las lenguas y todos los tiempos. Cuando leemos, por ejemplo, textos literarios o filosóficos de la antigua Grecia, o los fragmentos literarios que se conservan de la dinastía Zhou, que gobernó China entre el 1046 y el 256 a. C., es fácil llegar a la conclusión de que en ellos se están describiendo sentimientos y pasiones que a nosotros nos resultan imposibles no solo de sentir, sino también de imaginar. Por consiguiente, lo que tenemos que esperar es que algunas de las experiencias subjetivas que tengan las máquinas sean semejantes a las nuestras, pero otras, y quizá la mayoría, completamente diferentes.

¿Inteligencia de quién?

Los humanos fabricamos historias con el mismo objetivo que las hormigas hacen hormigueros: para vivir dentro de ellas, protegernos y crecer adaptándonos al entorno. Al fin y al cabo, los relatos son una forma de tecnología. Contar historias es inevitable, porque dan sentido al mundo y a nosotros mismos, ponen acentos y destacan relevancias: allá las montañas, aquí los valles; allá la luz, aquí la sombra; allá el peligro, aquí el descanso. Las historias tienen su inercia y cumplen su función hasta que la realidad se interpone en su camino. Como los hormigueros, las historias hay que abandonarlas cuando nos dejan a la intemperie. En ese momento hay que construir otras, sin saber cómo, de nueva planta, sin entender su sentido hasta rematar el tejado y comprobar que nos dan cobijo y acomodo.

En 1956, dos años después de que Turing fuera asesinado con una manzana envenenada, el matemático John McCarthy acuñó el término «inteligencia artificial». Comenzó a contarnos una nueva historia, protagonizada por Turing, que habla de la construcción de máquinas que piensan como humanos, pero que en el fondo trata de humanos que piensan como máquinas. En vez de hablar de «inteligencia artificial» podía haber hablado de «procesamiento de información», o de «cibernética», o de «sistemas computacionales autómatas». Pero no: prefirió hablar de «inteligencia artificial», mezclando de esta manera lo propio de los humanos y lo propio de las máquinas. El término elegido saca a relucir el anhelo que se esconde en el fondo de nuestro corazón: lo que más nos interesa a los humanos no es saber si seremos capaces de construir máquinas pensantes, sino saber si nosotros mismos somos algo más que máquinas pensantes.

Hasta el siglo pasado estuvimos convencidos de que la inteligencia no solo era una capacidad nuestra, sino nuestra propiedad exclusiva. Después de los esfuerzos de Copérnico y Darwin por sacar a los humanos del centro del universo, la perspectiva antropocéntrica se conservaba en los acérrimos defensores de la mente y la intuición. El desarrollo de los sistemas computacionales durante la Segunda Guerra Mundial y el posterior trabajo de Turing sobre inteligencia artificial echaron por tierra el último argumento que nos quedaba, el de la existencia de la mente y la intuición, para seguir otorgando a los humanos un lugar central y hegemónico en el universo. A partir de Turing, la historia que nos hemos comenzado a contar a nosotros mismos es que seremos capaces de construir nuevas inteligencias y subjetividades nada más que con materia y algoritmos recursivos, y que nosotros mismos no somos, en definitiva, nada más que materia y algoritmos recursivos. Nuestra materia es el carbono y la materia de las máquinas pensantes será el silicio o el wolframio. ¿Qué más da que el elemento de la tabla periódica empleado sea el 6, el 14 o el 74? El caso es que habrá una diversidad de inteligencias y subjetividades, lo cual tendrá consecuencias sociales y políticas que hoy apenas somos capaces de vislumbrar.

6. Todos contra Turing

La característica más importante de la posmodernidad es su profundo *antiesencialismo,* la afirmación de que ni los humanos ni las cosas tenemos unas propiedades intrínsecas, esenciales o sustanciales, que nos definan por nosotros mismos. Descartes, Newton, el Barroco y el surgimiento de la ciencia moderna nos convencieron de que las había: el yo, la mente o la razón eran las propiedades esenciales de lo humano, y los átomos, el espacio y el tiempo eran las propiedades esenciales de la materia. Pero la posmodernidad insiste en que corren tiempos de cambio y que nos iría mejor si nos convenciésemos de que somos dúctiles, maleables y proteicos, y de que ninguna esencia nos define. No estamos hechos de una sustancia permanente, así que podemos autodefinirnos como mejor nos convenga, en función de los propios proyectos de vida que queramos darnos a nosotros mismos.

La mejor manera que tengo de entender esta disolución de las esencias es la siguiente: pensemos en nosotros y en las cosas como si fuéramos números. Por ejemplo, el 17. ¿Cuáles son los rasgos

JUAN ANTONIO VALOR YÉBENES

intrínsecos del 17? Todos estaremos de acuerdo en que la pregunta es absurda. El 17 no tiene propiedades esenciales que lo definan más allá de las infinitas relaciones que mantiene con los demás números o con las cosas. El 17 es 16 + 1, o 18 − 1, o la raíz cuadrada de 289, etc. Ninguna relación está más cerca de la esencia del 17; todas las relaciones son igualmente válidas. Aunque es importante saber que cualquier relación no puede ser utilizada para cualquier propósito: utilizo la relación 16 + 1 si estoy contando monedas, por ejemplo, para pagar un determinado producto que acabo de comprar, pero no tiene sentido utilizarla si quiero trazar una circunferencia de radio 17, o si quiero calcular la diagonal de un cuadrado de lado 17. Como los números, las cosas y las personas tampoco tenemos esencia, sino que nos definimos a partir de las relaciones que mantenemos con todo y en toda dirección. No tenemos unas propiedades necesarias o unos rasgos que nos definan de manera permanente y definitiva, sino que somos nada más que tejidos de relaciones. De la misma manera que se urden los hilos en la urdidera y se teje la tela en el telar, se urden las relaciones en la vida y se tejen las cosas y las personas.

Pongamos más ejemplos. ¿Cuál es la esencia de la mesa? La respuesta posmoderna es que no hay en ella una sustancia imperecedera que haga de la mesa precisamente una mesa. Y como no la hay, en cualquier momento puedo definir la mesa de otra manera: por ejemplo, como una escalera. ¿Qué tengo que hacer para que esto suceda? Simplemente, cambiar la relación que mantengo con la mesa. Si la relación es la de dejar el ordenador y mis libros, sentarme frente ella, apoyarme sobre su tablero y comenzar a escribir, entonces la mesa seguirá siendo una mesa. Pero si, a partir de un determinado momento, la utilizo para subirme sobre su tablero y pintar las paredes y el techo, cambiar las bombillas de las lámparas, subirme al tejado de la casa, etc., entonces la mesa deja de ser una mesa y se convierte en una escalera. No es que haya cambiado su esencia, simplemente ha cambiado la relación con ella.

Y lo mismo ocurre con las personas. Ninguna sustancia o esencia hace que yo sea profesor, esposo, hijo, padre o cliente del supermercado. Son las relaciones que en cada caso mantengo con las cosas y con otras personas las que me definen de una manera o de otra. Los críticos de la posmodernidad insisten en que muchos de nuestros rasgos pueden ser, efectivamente, definidos por relaciones, pero no todos. Por ejemplo, que mi sexo sea el de hombre o mujer no está definido por relaciones, sino que es una propiedad de mi esencia, y más en concreto, una propiedad que depende de mi propia base biológica y física, que está determinada por la naturaleza y no puedo cambiar. Sin embargo, los posmodernos más recalcitrantes dicen al respecto: «No dejes que un apéndice te defina». Lo que quieren decir con ello es que incluso el sexo está definido por relaciones (sociales, culturales, etc.), y que la diferencia que habitualmente se hace entre sexo (dependiente de rasgos biológicos) y género (dependiente de relaciones sociales) obedece a prejuicios esencialistas que debiéramos eliminar.

Utopía transhumanista

Si no hay ninguna esencia que defina lo humano ni a cada ser humano en particular, si cada cual se puede definir en función del proyecto de vida que se da a sí mismo, entonces cabe la posibilidad de aprovechar el desarrollo tecnológico y la inteligencia artificial para transformarnos a nosotros mismos, modificarnos todo lo que queramos y definirnos de una manera completamente nueva, con vistas a alcanzar los fines deseados. Por ejemplo, puede ocurrir que no tenga en las piernas la musculatura necesaria para ser un excelente atleta, pero si quiero serlo, puedo serlo, ya que dentro de mí no hay una esencia imperturbable que me lo impida. Para conseguirlo, la biotecnología, la medicina o la farmacología ponen a nuestra disposición una gran cantidad de terapias, productos y procedimientos. De tal manera que, a través de la intervención tecnológica de un tipo u otro, podré mejorar mi musculatura y mis aptitudes atléticas. Podré, incluso, mejorar mi inteligencia, o desarrollar nuevas e inimaginables capacidades intelectuales si eso es lo que pretendo, a través de implantes de microchips potenciados por IA en determinadas zonas cerebrales. En definitiva, el antiesencialismo posmoderno nos ofrece una enorme ventaja, y es que si no existe una esencia que nos define, tampoco existe una esencia que nos limite, con lo cual podremos llegar a ser cualquier cosa que queramos ser y que el desarrollo tecnológico nos permita ser. Esta es la utopía de nuestra época posmoderna y tiene un nombre: *transhumanismo.*

La utopía transhumanista se inserta dentro de las utopías médicas que se han sucedido a lo largo de toda la historia de la humanidad, pero tiene una peculiaridad frente ellas: las utopías médicas siempre nos han hablado de sociedades en las que se desarrollan técnicas que devuelven la salud a los enfermos o las capacidades perdidas a los disminuidos; pero la utopía transhumanista no nos habla de esto, sino de asombrosas tecnologías potenciadas por IA que logran mejorar y aumentar las capacidades de humanos que ya están sanos, en un proceso que llega, en último extremo, a independizarnos de los límites que nos impone la propia naturaleza. Con la aplicación intensiva de la tecnología sobre el ser humano se busca una inteligencia superior, nuevas capacidades sensoriales, prótesis y órganos biónicos con mayor rendimiento físico e, incluso, superar la muerte, que ya no es concebida como algo inevitable, sino como una enfermedad que se puede curar. En este contexto, se asume que la IA permitirá la digitalización de los comportamientos de distintos órganos corporales, como los ojos, los oídos, el corazón, los pulmones o los riñones, y una vez digitalizados podrán ser ejecutados por sofisticados dispositivos artificiales que se implantarán en nuestro cuerpo reemplazando nuestros obsoletos o defectuosos órganos naturales. Incluso conseguiremos la digitalización de la inteligencia humana, y así la podremos potenciar y aumentar a través de IA, o bien hacer que opere dentro de algún cuerpo artificial, o bien subirla a la nube para que se integre en una red de conciencias e inteligencias. Elon Musk, Ray Kurzweil, Arnav Kapur y el MIT Media Lab dan un nombre a este proyecto: Neuralink.

Turing está en el origen de toda esta utopía, con su obsesión por reducirlo todo a algoritmos recursivos. Como hemos visto, se empeña en reducir a algoritmos el pensamiento, la inteligencia, la conciencia y todos los estados mentales. Y después de la guerra, cuando vuelve a Cambridge a estudiar biología, su obsesión se extiende más allá: también quiere reducir a algoritmos recursivos el comportamiento de órganos biológicos, como los ojos, el corazón o los pulmones. Y no solo eso: también el comportamiento de las hojas de los árboles, el crecimiento de los bosques, la formación de las líneas de las costas, los fenómenos meteorológicos, etc. Si somos capaces de reducir el comportamiento de, pongamos por caso, un ojo, a algoritmos recursivos, entonces tendremos la posibilidad de fabricar un artilugio que, al procesar esos algoritmos recursivos, se comporte como un ojo. Eso sería un ojo biónico, que podríamos implantar en cualquier persona ciega para devolverle la vista, o en cualquier persona sana cuya vista quisiéramos potenciar dotándola de visión nocturna, visión panorámica ampliada o visión en 8K, con posibilidad de conexión a una red 6G a velocidad de noventa y cinco gigabytes por segundo. También podemos pensar en corazones, pulmones o riñones biónicos, potenciados con IA y conectados a la red para que nuestro médico pueda monitorizar su funcionamiento en tiempo real.

Decía Aristóteles que los humanos no tenemos la posibilidad de volar porque no estamos hechos de la materia de los pájaros. Tenemos otras posibilidades, porque tenemos otra esencia distinta a la de los pájaros. Por ello, de manera natural, los pájaros tienen plumas, alas, pico y patas, y los humanos tenemos pelo, brazos, boca y piernas. Pero después de Turing, en medio de esta posmodernidad antiesencialista, contamos con la tecnología que nos permite, por ejemplo, mediante intervención genética, o nanorrobots, o mediante microchips IA implantados en el cerebro, tener alas o cantar como los pájaros sin ser pájaros, o tener la vista de un águila, o el olfato de un perro, o la fuerza de un toro, rompiendo para siempre la distancia que el propio Aristóteles reconocía entre lo natural y lo artificial. Ahora resulta que por naturaleza no somos nada, y precisamente por ello podemos serlo todo. Ya hemos dejado de ser humanos: somos *cíborgs,* una extraña mezcla de seres naturales y tecnológicos, con capacidades potenciadas, cada vez más cerca de las máquinas y más lejos de los animales de los que procedemos.

A algunos esta utopía transhumanista nos resulta liberadora y nos ayuda a mirar el futuro con optimismo. Imaginamos que la tecnología nos permitirá superar nuestras limitaciones y discapacidades físicas e intelectuales, y nos ayudará a conseguir nuestros proyectos de vida y a situarnos más cerca de la felicidad. Pero es cierto que la mayoría de los intelectuales que se tienen por serios, sensatos y realistas —a los demás nos consideran ingenuos y mal informados— ven el transhumanismo como una amenaza desde muchos puntos de vista. No escatiman esfuerzos y argumentos a la hora de criticar el proyecto transhumanista en general, y al padre del proyecto, a Turing, en particular. Así que ¡todos contra Turing! La idea de los críticos es que es imposible reducir toda la naturaleza a algoritmos recursivos. Piensan que quizá se puedan reducir a algoritmos algunas partes de la naturaleza, o algunos comportamientos especialmente simples de la naturaleza, pero sostienen que los comportamientos más complejos, como los de determinados órganos biológicos, el comportamiento del cerebro y del sistema nervioso, el comportamiento lingüístico y otros muchos característicamente humanos, no pueden ser reducidos a algoritmos recursivos. Afirman que, por ello, nunca tendremos máquinas que piensen, sientan, hablen y comprendan un lenguaje o se comporten de una manera auténticamente humana. En el mejor de los casos, podremos tener un ojo biónico, un brazo o un corazón artificial que funcionen con IA, pero lo que no será posible es un cerebro que, procesando algoritmos recursivos, sea capaz de generar estados mentales, conciencia, autoconciencia, sentimientos, pensamiento, y otros actos asociados al pensamiento y al lenguaje como son el sentido y el significado. En definitiva, insisten en que hay rasgos propiamente humanos que no se pueden reducir a algoritmos recursivos y, por tanto, no se pueden implementar en un sistema computacional.

A continuación, voy a referirme a algunos rasgos propiamente humanos que, según estos reputados pensadores, las máquinas nunca podrán tener. Por supuesto, se trata de una pequeña muestra. Ellos piensan que hay muchos más rasgos que las máquinas nunca podrán tener y hay muchas actividades y procesos en la naturaleza que las máquinas nunca podrán hacer. Pero esta pequeña muestra es, a su juicio, suficiente para entender que tanto el proyecto de Turing como el proyecto transhumanista están condenados al fracaso.

Los pensadores a los que me refiero son el esloveno Slavoj Žižek y el norteamericano Erik J. Larson, ambos con mucho predicamento entre los críticos de la IA. Antes de adentrarnos en sus argumentos, quiero adelantar mi posición para que no haya ninguna confusión: cuanto más los leo, menos convincentes me parecen. La razón es que sus argumentos se asientan sobre prejuicios ideológicos, filosóficos y religiosos de los que, por supuesto, no hablan. Me ocurre con ellos como con tantos otros intelectuales de prestigio a los que frecuentemente escucho: que sus pretendidos argumentos en contra de la IA parecen más bien rabietas, como si la IA les estuviera quitando algo. Y, efectivamente, algo les está quitando, al poner en cuestión las ideas que ellos consideran más evidentes sobre lo que somos los humanos. La posmodernidad y la IA están cuestionando lo que durante siglos hemos considerado evidente. Para muchos, esto supone un desarraigo intelectual y vital; para otros, entre los que me incluyo, supone una invitación a mirar el futuro con esperanza. Vayamos al asunto.

La IA es incapaz de cambiar el sentido de los hechos

La idea de Žižek es que los humanos estamos interpretando y reinterpretando continuamente el mundo que nos rodea; sin embargo, los sistemas computacionales se atienen a los hechos, reducidos a unos y ceros y a algoritmos recursivos. Las máquinas no pueden interpretar el mundo, es decir, no pueden atribuir un sentido a un hecho, ni pueden cambiar el sentido de una manera original y completamente novedosa. Veamos un ejemplo, que se refiere a cómo surgen varios de los quesos franceses más famosos, como el roquefort o el camembert, o cómo surge el champán. Los pastores y los agricultores estaban haciendo queso y vino de la manera habitual, siguiendo los pasos aprendidos de generaciones anteriores. Pero en algún momento el queso se pudrió y comenzó a oler mal; de la misma manera, algo falló en la fermentación del vino que hizo que cambiara su olor, su color y su sabor. Esperaban que las cosas salieran como siempre habían salido, pero, por algún motivo, el resultado obtenido no fue el esperado. Al principio los quesos se tiraban, y también se tiraba el vino achampanado. Pero, a partir de determinado momento, la aristocracia francesa comenzó a considerar esos quesos y ese vino como exquisitos manjares y, poco a poco, esta nueva consideración fue extendiéndose por toda la población europea. Los mismos quesos y vinos que antes se tiraban por tener un olor y un sabor insoportables, ahora resulta que no solo no se tiran, sino que se consideran auténticas exquisiteces por las que se paga un alto precio. ¿Qué ha pasado? Los quesos y los vinos seguían siendo los mismos, pero algo había cambiado: la consideración que tiene la población de esos olores y sabores, el sentido que ahora le otorga a esos alimentos y a esa bebida, es otro completamente opuesto al anterior. Žižek se pregunta si esto lo pueden hacer las máquinas computadoras. La respuesta que da es que no lo pueden hacer porque las máquinas se atienen en todo momento a los hechos, y los hechos no han cambiado: seguimos teniendo el mismo queso putrefacto contaminado por hongos y el mismo vino estropeado por una fermentación secundaria. Para las máquinas solo hay hechos, que son procesados digitalmente. Sin embargo, para los humanos no hay hechos desnudos, sino hechos que están revestidos de sentido. El hecho es que hay queso putrefacto, y el sentido que superponemos al hecho es que el queso se ha estropeado, huele mal, sabe peor y hay que tirarlo. Y no solo somos capaces de superponer un sentido a los hechos, sino que somos capaces de cambiar el sentido, de tal forma que lo que antes considerábamos estropeado, maloliente, y tirábamos a la basura, ahora lo consideramos un manjar extremadamente valioso. En cambio, las máquinas solo se atienen a los hechos desnudos, sin ningún sentido que se superponga a ellos, sin ninguna interpretación ni reinterpretación.

En relación con el queso y el vino ocurrió algo más, que es muy característico de los humanos: los pastores y agricultores a los que se les estropeaba el queso y el vino, acumulando un fracaso tras otro sin saber qué hacer para remediarlo, eran considerados los peores de la profesión y nadie les compraba sus productos. Pero cuando cambió el sentido y esos productos que parecían estropeados comenzaron a valorarse, también se cambió la consideración de esos pastores y agricultores, que pasaron a ser los mejores, los más precisos, los más expertos. Ellos seguían siendo los mismos y seguían haciendo lo mismo, pero la consideración hacia ellos había cambiado por completo. Este cambio de consideración, que es un cambio del sentido que se superpone a los hechos, es algo que hacemos frecuentemente los humanos, pero, a juicio de Žižek, no lo pueden hacer los sistemas computacionales, que solo procesan hechos reducidos a unos y ceros.

Otro ejemplo que ofrece Žižek es el de «la paradoja de Hugh Grant», recordando la famosa película *Cuatro bodas y un funeral*. El protagonista, Charles, un apuesto y elegante inglés, intenta expresar su amor a Carrie, una atractiva estadounidense, a lo largo de una serie de torpes y confusos intentos. En un primer momento, Carrie interpreta las acciones de Charles como muestra de su desinterés por ella. Sin embargo, a partir de un cierto momento, Carrie es capaz de invertir el sentido de los actos de

Charles y darse cuenta de su interés y de la autenticidad de su amor. Los movimientos, los gestos, el lenguaje de Charles eran los mismos antes y después. Sin embargo, el sentido que Carrie les atribuye, la interpretación de los hechos, ha cambiado por completo: lo que antes era interpretado como una expresión de desinterés, ahora es interpretado como una expresión de amor. ¿Puede una máquina computadora hacer esto, interpretar el mismo hecho de manera completamente distinta? La respuesta de Žižek es que no puede. Una máquina simplemente procesa los hechos, que pueden ser los movimientos de Charles, sus palabras, sus expresiones faciales, su frecuencia cardiaca, el ritmo de su respiración, etc., pero no es capaz de dar a esos datos un sentido, y mucho menos de cambiarlo. Podríamos hacer que la máquina correlacionara esos datos con una determinada interpretación. Por ejemplo, podríamos hacer que la máquina, siguiendo una determinada programación, al detectar determinados comportamientos los relacionara con la etiqueta, por ejemplo, de «Desinterés de Charles por Carrie». Pero, manteniéndose los mismos datos, lo que no podrá hacer la máquina nunca, según Žižek, es salirse de la programación, cambiar el sentido de los datos y relacionarlos con otra etiqueta, por ejemplo, la de «Interés y amor de Charles por Carrie».

Las relaciones sexuales también ofrecen un buen ejemplo de cómo opera el cambio de sentido, o el cambio de interpretación, sobre los mismos hechos. Por ejemplo, el masoquista opera una inversión del sentido. El maltrato, la humillación física y psíquica, la dominación, generan habitualmente dolor y aversión. Sin embargo, en un determinado momento el masoquista cambia la interpretación de los hechos y las mismas conductas y comportamientos que antes producían dolor y aversión después producen placer. Los hechos son los mismos, pero el sentido que se atribuye a los hechos ha cambiado. La pregunta que se hace Žižek es si una máquina puede invertir el sentido de esta manera, y la respuesta que se da es que ningún sistema computacional puede hacerlo.

Ahora pregunto yo: ¿por qué no?, ¿por qué una máquina no puede atribuir sentido a los hechos y cambiar el sentido de una forma completamente original y novedosa? Cuando Žižek responde negativamente de manera tan rotunda, lo que está haciendo en el fondo es dar por supuesto que la capacidad de dar sentido es tan especial y particularmente humana, que no es posible reducirla a algoritmos. Pero es que esta es, precisamente, la cuestión en juego: ¿por qué suponemos que la capacidad de dar sentido no se puede reducir a algoritmos? Que hasta el momento no se haya hecho no quiere decir que no se pueda hacer. El proyecto de Turing sigue en pie: tenemos que seguir probando, porque cada vez son más los comportamientos humanos que son reducidos a algoritmos y es posible que, sobre los nuevos comportamientos reducidos a nuevos algoritmos, se puedan conseguir algoritmos capaces de dar sentido y de cambiarlo.

La IA no tiene identidad personal

Otra característica que para Žižek es estrictamente humana y no se puede reducir a algoritmos recursivos es la identidad personal. La identidad personal está relacionada con la conciencia interna que cada uno tiene de ser, en el fondo, algo distinto de lo que está siendo en cada momento de su vida. Se trata de una identidad que se mantiene a lo largo de los años, con independencia de los cambios que ocurren en nuestro cuerpo, en nuestros estados de ánimo, en nuestra personalidad, en la forma que tenemos de comprender el mundo y comprendernos a nosotros mismos, con independencia de las experiencias que se van sucediendo a lo largo de nuestra vida. Aunque pasemos de niños a jóvenes y de jóvenes a adultos, aunque haya cambios ostensibles en nuestro aspecto físico por la edad, aunque nuestro cuerpo se haya modificado por una operación o por un accidente, aunque en una determinada época de nuestra vida tengamos una manera de entender el mundo y luego otra, aunque nuestros comportamientos cambien, y cambie nuestra manera de abordar los problemas, aunque cambien nuestros proyectos de vida, nuestros deseos, nuestras apetencias, nuestra ideología, en todo momento y a lo largo de nuestra vida tenemos conciencia de un yo que somos cada uno de nosotros, el cual se mantiene siempre el mismo más allá de todos los cambios. Cada ser humano puede referirse a sí mismo y decir: yo sigo siendo yo, el mismo yo, que antes era joven y ahora adulto, antes con el pelo negro y ahora gris, antes con una vista magnífica y ahora con la necesidad de usar gafas, antes sin arrugas y ahora con arrugas, antes estudiante y ahora trabajador, antes sin hijos y ahora con hijos, antes votante de un partido político y ahora de otro, etc. Pero, en cualquier caso, yo sigo siendo el mismo yo.

Voy a referirme a una experiencia que nos pone en la situación de tomar plena conciencia de nuestra identidad personal. Vivimos habitualmente siendo compañeros, esposos, padres, amigos, trabajadores, vecinos, clientes, etc. Supongamos que, de pronto, noto un dolor punzante en el pecho que me impide respirar y me obliga a ir al hospital. Supongamos que me detectan un grave problema cardiaco y me realizan con urgencia una intervención que supone un alto riesgo para mi vida. Supongamos que los días de recuperación en el hospital me hacen pensar sobre lo que he hecho, he sido, sobre la vida que he llevado en los últimos años y decido cambiar: dedicar más tiempo a la familia y los amigos, preocuparme menos por los asuntos del trabajo, cuidarme más, etc. Yo sigo siendo el mismo, hay una identidad que se mantiene a lo largo del tiempo y los cambios, y es ese yo el que reconoce que ha vivido de una manera y el que decide dejar de vivir así y cambiar el rumbo. Además, y esto es muy importante, en estas circunstancias tomo conciencia de que en mi vida anterior había permanentemente algo dentro de mí, un yo, una voz interior, que me estaba diciendo que la vida que llevaba no era la mejor y que debería atreverme a cambiarla. Ese yo que estaba ahí medio oculto es el que finalmente ha surgido, ha tomado las riendas, ha echado la vista atrás, ha juzgado que la vida que estaba viviendo no era la mejor y ha decidido vivir de otra manera. A ese yo nos referimos cuando hablamos de identidad personal.

La identidad personal no es mi cuerpo, ni siquiera la sucesión de experiencias que constituyen mi vida, sino un yo que está más allá de mi cuerpo y de mi vida, el cual soy yo mismo de la manera más absoluta y auténtica. Por eso puedo decir que yo vivo mi vida. No es que yo sea la vida que vivo: soy mucho más que eso; la vida que vivo no me constituye propiamente. De tal modo que vivo una vida, pero puedo vivir otra, o incluso dejar de vivir cualquier vida. Precisamente porque ese yo es independiente de la vida y del cuerpo, buena parte de la religión y la filosofía han considerado que aunque la vida cese y el cuerpo desaparezca, sigue manteniéndose de alguna manera.

Como he dicho, ese yo tiene la asombrosa capacidad de estar permanentemente juzgando la vida que está viviendo, lo que nos ocurre, lo que está pasando, y parece que nos está diciendo en voz baja lo que piensa. Mientras estamos viviendo cotidianamente, no hay un juicio explícito, no hay una conciencia clara de si la vida que estamos llevando es la mejor y la más deseable; oímos de lejos esa voz interior, pero no nos paramos a escucharla detenidamente. Algunos acontecimientos, como el relatado, hacen que salga a la luz esa conciencia implícita y que el juicio de esa voz interior, que habitualmente no es más que un susurro, se oiga bien fuerte y con toda claridad. Es entonces cuando afrontamos la vida pasada y decidimos sobre la vida futura. Hasta ese momento no habíamos mirado de frente la vida que estábamos viviendo cotidianamente, sino que la mirábamos de espaldas, dejándonos llevar por ella, por los asuntos y afanes del día a día. Aunque el yo nos susurraba su parecer, habíamos conseguido convivir con el susurro y no darle importancia, convirtiéndolo en una parte más de nuestro paisaje mental. Pero precisamente ahora, desconectados de la vida cotidiana en medio de una habitación de hospital, aparece el yo y se escucha su sentencia: definitivamente la vida pasada no es la mejor y será otra muy distinta la que viva en el futuro. Aquí está, en primer plano, la identidad personal.

La identidad sexual es otro buen ejemplo para entender qué es la identidad personal. Influidos por un contexto social, económico, educativo, etc., aprendemos determinado tipo de conductas sexuales que nos permiten encauzar nuestro deseo sexual. Permanentemente un yo de fondo está juzgando mi experiencia sexual como satisfactoria o insatisfactoria, deseable o no. Puede ocurrir que un determinado deseo, o un fracaso sexual, me lleve a reflexionar sobre mi vida sexual y a hacer explícito el juicio de esa voz interior que permanentemente y desde siempre ha estado diciéndome algo que nunca he querido escuchar del todo. Ahora, a resultas de un fracaso, me atrevo a poner atención al susurro de fondo y escucho con claridad que mi vida sexual pasada ha sido insatisfactoria. Esa conciencia que siempre estuvo implícita, ahora se hace explícita. Desde mi yo más profundo enfrento la situación, reflexiono sobre mi identidad sexual, juzgo la conducta pasada como no deseable y decido cambiarla en el futuro. Ahora reconozco, desde una identidad personal que se hace más patente que nunca, que mi identidad sexual es otra y que siempre fue otra. Siempre estuvo ahí, de manera *inconsciente,* y ha sido ahora cuando definitivamente me he atrevido a *sacarla del armario.*

Estas experiencias que todos los humanos tenemos de nuestra identidad personal y sexual, las consideramos exclusivamente nuestras y definitorias de lo que propiamente somos frente al resto de la naturaleza. Hasta el día de hoy, nadie había siquiera imaginado que los animales, y no digamos las plantas, podrían tener en alguna medida y de alguna manera este tipo de experiencias. Si atendemos a la historia de las ideas, distintos pensadores han atribuido características humanas a seres de la naturaleza no humanos, pero nunca les han atribuido identidad personal tal y como la hemos descrito. Hablar de la identidad personal y sexual de los perros, los gatos, las termitas canadienses o las abejas sin aguijón australianas nos resulta, todavía hoy, cómico, aunque ya están surgiendo algunos estudios al respecto. Y no solo resulta cómico, sino una auténtica locura, reconocer identidad personal y sexual a las máquinas. Pero el desarrollo de la IA nos está obligando a cambiar nuestra manera de pensar sobre asuntos que parecían indiscutibles, así que más vale que abordemos el tema de frente, aunque nos sintamos amenazados en lo más íntimo: ¿puede tener identidad personal una máquina?

La respuesta de Žižek y de tantos otros es que las máquinas no podrán tener nunca identidad personal. Creo que es una mala respuesta y que más prudente sería decir: no lo sabemos. Al día de hoy ningún sistema computacional ha adquirido identidad personal, y tampoco identidad sexual. Pero si Turing tiene razón y el aumento de la complejidad de los algoritmos hace que surjan propiedades nuevas en los nuevos niveles de mayor complejidad, no podemos descartar que la identidad personal y sexual pertenezcan a ese tipo de propiedades emergentes. Quizá a lo largo del proceso evolutivo que ha tenido lugar en este planeta no se haya alcanzado en animales y plantas el nivel de complejidad necesario como para que surja en ellos identidad personal; parece que esto solo ha ocurrido en el caso de los humanos. Pero no podemos descartar que la complejidad creciente de futuros sistemas computacionales permita que emerja en ellos alguna forma de identidad personal y sexual.

Lo que hoy parece claro es que ello no va a ser posible si antes no se alcanza el nivel de complejidad necesario para que emerja el lenguaje. La relación entre identidad personal y lenguaje merece un estudio detallado que no vamos a hacer aquí. Solamente diré que a través del lenguaje y, en concreto, a través de un buen número de palabras como el pronombre personal «yo», los determinantes y pronombres posesivos, demostrativos, etc., las experiencias que vamos teniendo en nuestra vida se fijan y articulan formando una unidad que es la propia identidad personal. Por consiguiente, solo podremos encontrar identidad personal en aquellos seres que posean un lenguaje suficientemente desarrollado. Hasta ahora ningún sistema computacional contaba con un lenguaje como el lenguaje humano, pero en la actualidad existen sistemas de este tipo potenciados por IA: ChatGPT y DeepSeek son los más evolucionados, pero tendremos que estar atentos al desarrollo de Google Bard, Ajax de Apple, LlaMa 2 de Meta y Claude 2 de Anthropic. Podemos pensar que el desarrollo de estos complejos sistemas lingüísticos abre la puerta a nuevos niveles de complejidad computacional, en los que emergerán nuevas propiedades que, a su vez, harán posible nuevos niveles de complejidad en los que, finalmente, pueda emerger la identidad personal.

La IA no tiene libertad ni responsabilidad

En todas las discusiones en las que se debate si las máquinas se comportarán o no como los humanos ocurre que cuando los defensores del «no» se ven arrinconados por los defensores del «sí» recurren al argumento de la libertad. Los humanos, dicen, somos libres, y las máquinas no lo podrán ser nunca. La libertad es para ellos la última trinchera en la lucha por el reconocimiento de la especificidad humana. A mi modo de ver, antes de tirarse a las trincheras de la libertad debieran reflexionar sobre lo que significa tal cosa.

La filosofía ha relacionado la libertad con el yo y la identidad personal. Ha defendido que el yo es libre, lo cual quiere decir: es independiente de las circunstancias concretas en las que transcurre nuestra vida. Las circunstancias nos están determinando continuamente; los asuntos y problemas del día a día nos condicionan y actuamos en función de ellos. Pero, según la filosofía, en todo momento somos libres porque en todo momento podemos decir «no» a los condicionamientos. Si lo pensamos bien, esta capacidad de decir «no» es un inmenso poder que nos permite dejar de vivir empujados por las condiciones del entorno y comenzar a vivir de otra manera. En definitiva, la libertad tiene que ver con la capacidad de rechazar lo que venía sucediendo y optar por una vida diferente. Por supuesto, esa vida diferente, que pasa a ser ahora nuestro nuevo proyecto vital, también nos impondrá sus condiciones y nos empujará a vivir de una determinada manera, como si lo único que hiciésemos al cambiar de proyecto de vida es sustituir unas cadenas por otras. Pero, aunque estemos permanentemente encadenados por un proyecto u otro, a la vez somos permanentemente libres, porque en todo momento tenemos el poder de decir «no» y cambiar el rumbo de nuestra vida.

Entendida de esta manera la libertad, se comprenden mejor dos aspectos que la ética atribuye en exclusiva a los humanos: la responsabilidad sobre los actos propios y el juicio moral. Aunque me encuentre en una situación que me obligue a comportarme de determinada manera, si mi comportamiento produce sufrimiento en los demás, ese sufrimiento no es inevitable, ni se puede justificar en las circunstancias que me rodean, sencillamente porque tengo el poder de decir «no», la capacidad de no asumir la situación ni las condiciones que me llevan a comportarme de esa manera. Si las asumo, si me comporto en función de las circunstancias y ese comportamiento finalmente acaba produciendo dolorosas consecuencias en los demás, es porque he querido asumirlas pudiendo no hacerlo, teniendo la libertad de rechazarlas y comportarme de otra manera. Por ello, tanto la responsabilidad de haberlas asumido como la responsabilidad de las consecuencias producidas recae por completo sobre mí. Pudiendo decir «no», he dado un implícito «sí» a las circunstancias, a las condiciones y a las consecuencias, por lo que yo soy el responsable y es a mí al que se debe juzgar moralmente. En definitiva, la filosofía y la ética siempre han insistido en que, precisamente porque los humanos somos libres, somos responsables de nuestros actos y sobre nosotros recae el juicio moral. Las máquinas no son responsables de sus actos ni pueden ser juzgadas moralmente, sencillamente porque no son libres.

La experiencia de la libertad es una experiencia muy íntima que vivimos los seres humanos y que nos atribuimos en exclusiva. A nadie se le ha ocurrido decir —hasta el momento— que los animales y las plantas también se sienten libres y ejercen su libertad. Más bien pensamos lo contrario: que están determinados por sus condiciones físicas, biológicas, ambientales, y que en ningún momento pueden evitar este condicionamiento. No pueden tomar decisiones sobre su vida, ni rechazarla, ni optar por una vida diferente. No tienen el poder de decir «no», ni la capacidad de darse un nuevo proyecto de vida. Y lo mismo pensamos de las máquinas IA y de los sistemas computacionales: su comportamiento responde, por un lado, a las condiciones de los propios mecanismos que componen la máquina y, por otro, a la programación que la configura. Por consiguiente, cuando nos preguntamos si las máquinas IA podrán ser libres, la respuesta que da la filosofía es un rotundo no. No lo podrán ser por una cuestión de principio: porque la libertad es justo lo contrario de un algoritmo. Como veíamos en el capítulo 4, un algoritmo es un procedimiento mecánico, es decir, una mera secuencia de pasos que están determinados, pero la libertad consiste justamente en la capacidad de salir de esa secuencia de pasos y comenzar otra secuencia completamente nueva. Esa capacidad no la tiene un sistema computacional porque, para tenerla, necesita un algoritmo, pero al necesitar un algoritmo para salir del algoritmo siempre está sometido a un algoritmo. Un sistema computacional no puede romper con todo algoritmo, con todo condicionamiento, con todo determinismo, por lo que no puede ser libre.

Estoy de acuerdo con esta descripción que la filosofía y la ética ofrecen de la libertad humana, una descripción que se fundamenta en el hecho de que nos sentimos libres, de que tenemos una experiencia de la libertad. Žižek, por ejemplo, se regodea en descripciones de este tipo, cosa que también hace, dentro de la tradición psicoanalítica, Erich Fromm, y hacen también otros autores de la tradición fenomenológica. Las descripciones resultan especialmente esclarecedoras de nuestras vivencias y, cuando están bien hechas, tienen incluso un alto valor literario y poético. Pero, estando de acuerdo con la descripción, no estoy de acuerdo con las consecuencias que se extraen de ella.

La razón es la siguiente. Efectivamente, podemos decir «no», abandonar nuestra vida actual y comenzar a vivir un nuevo proyecto de vida. Supongo que eso es lo que hizo Cat Stevens cuando abandonó su éxito y su riqueza y se convirtió al islam. Pero la cuestión es si ese punto de ruptura es algo que ocurre con independencia de todo determinismo, de toda circunstancia y condición, o, por el contrario, es algo que está completamente determinado, aunque no conozcamos las causas y las determinaciones que están operando en la decisión. Esta es la cuestión decisiva: quizá Cat Stevens no fue libre al convertirse al islam, sino que estuvo sometido a causas, condiciones y circunstancias de las que no era consciente. Es cierto que nosotros vivimos ese momento de ruptura como si fuera completamente independiente de las circunstancias y condicionantes que nos han llevado hasta él; precisamente en este sentido hablamos de libertad. Pero la cuestión de fondo es: ¿del hecho de que nos sintamos libres podemos concluir que *realmente somos* libres? Es decir, ¿aunque tengamos la experiencia de la libertad, *realmente* decidimos sin estar determinados por circunstancias y condiciones? La ciencia nos dice que no es así, aunque nos *parezca* que es así. Nos dice que todas nuestras decisiones están determinadas, en la medida en que están producidas por mecanismos deterministas que actúan en último extremo en nuestro cerebro y en nuestro sistema nervioso. De esta manera, la ciencia nos ofrece una explicación de lo que está ocurriendo en el momento de nuestra toma de decisión, que es muy distinta de la descripción que hace la filosofía de nuestra experiencia de la libertad. La ciencia ofrece una explicación determinista que es contraria a la explicación filosófica. La filosofía dice que experimentamos libertad, que nos sentimos libres y que, por tanto, *realmente* existe la libertad. La ciencia, en cambio, no niega nuestra experiencia de la libertad, pero sí niega que *realmente* exista la libertad. Lo que la ciencia acaba concluyendo es que *realmente* no hay indeterminación en nuestras decisiones, aunque experimentemos y sintamos un momento de ruptura e indeterminación, que es al que nos referimos cuando hablamos de libertad. Entonces, ¿a quién hacemos caso, a la ciencia o a la filosofía?

Según la ciencia, ocurre con la libertad lo mismo que con tantas otras cosas en nuestra vida. Pensemos, por ejemplo, en los colores, en los sonidos, en la alegría o en el amor. Nosotros tenemos la sensación del rojo o del azul, pero en la realidad física no hay rojo ni azul, sino ondas electromagnéticas con longitudes largas o cortas. Oímos sonidos, pero en la realidad física no hay sonidos, sino ondas mecánicas que se transmiten en el aire. Y en relación con los sentimientos, la ciencia explica su realidad biológica a partir de la actividad de neurotransmisores, la liberación de dopamina, serotonina y endorfinas, y la activación de determinadas zonas cerebrales. Por supuesto que me siento alegre, pero desde un punto de vista físico y biológico lo único que hay son endorfinas y corrientes nerviosas atravesando determinadas zonas cerebrales. De la misma manera, me siento libre, pero eso no quiere decir que exista la libertad; existe la experiencia que yo tengo de la libertad, pero no la libertad misma. Por supuesto, así como la alegría, el amor y, en general, los sentimientos, desempeñan funciones muy importantes desde un punto de vista personal, social, ético, político, e incluso desde un punto de vista biológico y evolutivo, también la experiencia de la libertad desempeña funciones muy importantes desde todos estos puntos de vista. Sería desastroso para nuestra vida, e incluso para nuestra propia supervivencia en un sentido evolutivo, dejar de considerar nuestros sentimientos, e igual de desastroso sería dejar de considerar nuestra experiencia de la libertad.

En definitiva, desde el punto de vista de la ciencia, la filosofía comete el error de pensar que si los humanos tenemos la experiencia de la libertad es porque *somos* libres, es porque tenemos la capacidad de romper con lo que nos determina. La ciencia admite que tenemos la experiencia de la libertad, pero no admite que esa experiencia surja del hecho de que seamos libres, sino del desconocimiento que tenemos de todos los factores —físicos, biológicos, cerebrales, nerviosos, etc.— que nos están determinando. Dicho de otra manera: la filosofía defiende que la experiencia de la libertad surge de una *capacidad* humana, la capacidad que tenemos de decir «no» a nuestras circunstancias y condicionantes de todo tipo; en cambio, la ciencia defiende que la experiencia de la libertad no surge de una capacidad, sino de una *incapacidad,* que es la de no poder conocer todas las causas y determinaciones que están operando sobre nosotros.

Llegado a este punto, los defensores de la existencia de la libertad humana contratacan diciendo: ¿por qué hay que hacer más caso a la ciencia que a la propia experiencia personal? ¿Acaso no es más fiable mi propia experiencia personal que lo que diga la ciencia? Al fin y al cabo, las teorías científicas cambian a lo largo del tiempo, se van corrigiendo unas a otras, e incluso acaban contradiciéndose entre ellas, así que la ciencia tampoco es tan fiable como algunos nos quieren hacer creer. Reconozco que este argumento tiene mucho peso, pero tampoco deja claro por qué la experiencia personal tiene que ser más fiable que la ciencia. Tengamos en cuenta que en muchas ocasiones la experiencia personal nos engaña y nos lleva a creer cosas que luego descubrimos que no existen o no son verdad. A mi modo de ver, es definitivo lo que dice Turing al respecto, y es que los que defienden la existencia de la libertad —y no solo la existencia de la experiencia de la libertad— en el fondo están hablando de una capacidad misteriosa que solo tenemos los humanos, la cual es muy difícil de justificar si no es recurriendo a la existencia de un alma o de un espíritu que, sin saber cómo ni por qué, nos pertenece en exclusiva. Es decir, explican algo tan misterioso como la libertad recurriendo a algo todavía más misterioso, que es el alma o el espíritu. En cambio, la propuesta de Turing es que tratemos de explicar la libertad sin recurrir a capacidades o entidades misteriosas. De ahí que la alternativa sea la ciencia. Puede que finalmente la ciencia no consiga dar una buena explicación, pero Turing nos invita a que lo intentemos con todas nuestras fuerzas durante mucho tiempo y muchas generaciones.

He dicho que nuestra experiencia de la libertad surge del desconocimiento de las causas y determinaciones a las que estamos sometidos. Pero también requiere del especial uso que hacemos del lenguaje. El lenguaje nos proporciona la capacidad de centrar la atención en cosas, situaciones y comportamientos que, de no estar referidos por palabras, simplemente sucederían sin que les prestásemos la menor atención. Si no tuviéramos lenguaje, desarrollaríamos un comportamiento u otro atendiendo a nuestros gustos o sentimientos, y no nos veríamos en la obligación de dar razones de lo que hacemos, ni ante los demás ni ante nosotros mismos. Es lo que ocurre en el caso de los animales, que simplemente actúan en el entorno en el que se encuentran, sin dar razón alguna de ello. Los humanos, en cambio, no solo desarrollamos un comportamiento, sino que el lenguaje nos permite hablar de ese comportamiento, reflexionar sobre él, tomar plena conciencia de lo que estamos haciendo y, finalmente, dar razones, ante los demás y ante nosotros mismos, de por qué actuamos como lo estamos haciendo. Sin embargo, y esta es la clave del asunto, hay comportamientos de los que no somos capaces de dar todas las razones que los justifican. Es lo que ocurre en el ejemplo de la persona hospitalizada por problemas cardiacos que decide cambiar totalmente de vida. El lenguaje le permite tomar conciencia de lo que ha sido su vida hasta ahora y le permite imaginar una vida diferente. Esa persona siente la necesidad de cambiar de vida y quiere cambiar de vida. Cuando tiene que dar razones, ante ella misma y ante los demás, de su cambio de vida, es capaz de aportar algunas razones, incluso muchas, pero no *todas* las razones que justifican el cambio de vida que desea. Con independencia de las razones que pueda dar, el caso es que quiere cambiar de vida y ya ha tomado la decisión de cambiar. Es entonces cuando aparece la palabra clave: ¡libertad! Ante sí misma y ante los demás se define como libre, lo cual quiere decir: con independencia de que pueda aportar o no razones que justifiquen su cambio de vida, ya ha tomado la decisión de cambiar de vida y está decidida a hacerlo.

Ni las máquinas ni los humanos *somos* libres. La diferencia es que nosotros nos *sentimos* libres y estamos muy orgullosos de nuestra experiencia de la libertad. Pero no debiéramos sentirnos tan orgullosos, porque la experiencia de la libertad no surge del hecho de que *seamos* libres, sino de nuestra ignorancia de las causas y determinaciones a las que estamos sometidos. Por consiguiente, nuestro sentimiento de libertad no nos debiera llevar a concluir que realmente somos libres, sino más bien a concluir que realmente somos unos ignorantes.

LA IA NO TIENE IMAGINACIÓN

Los humanos pensamos de alguna de estas maneras: o bien utilizando la *deducción,* o bien utilizando la *inducción,* o bien utilizando la *abducción.* Los que están en contra de Turing afirman que los sistemas algorítmicos pueden simular el pensamiento deductivo y el pensamiento inductivo, pero nunca serán capaces de simular el pensamiento abductivo. Entienden que el pensamiento abductivo pertenece en exclusiva a los humanos y que ningún sistema algorítmico podrá, precisamente por ser algorítmico, pensar de esta manera. Vamos a tratar de entender qué es cada cosa y si los enemigos de Turing tienen razón o si tienen, como a mí me parece, más prejuicios que razones.

Un ejemplo de deducción es el siguiente:

Cuando llueve las calles se mojan.
Ahora está lloviendo.
Por consiguiente, las calles están mojadas.

En este tipo de reglas está basada toda la programación que domina la inteligencia artificial hasta los primeros años de los noventa. Si lo pensamos bien, esta inteligencia artificial es bastante tonta, porque al final nos da una información —las calles están mojadas— que ya conocíamos —ya sabíamos que cuando llueve las calles se mojan y que ahora está lloviendo—. Realmente el pensamiento humano no es así de simple; al pensar, queremos llegar a algo que desconocemos, no a algo que conocemos. Por eso, el pensamiento humano recurre frecuentemente a la inducción. Un ejemplo de inducción es el siguiente:

Los cuervos que hemos observado hasta el momento son negros.
Por consiguiente, todos los cuervos son negros.

A través de la inducción ampliamos nuestro conocimiento: pasamos de decir que los cuervos observados son negros a decir que *todos* los cuervos, incluso los que no hemos observado, son negros. Esta forma de pensar tiene su utilidad en nuestra vida cotidiana, porque a partir de unas cuantas observaciones (una, veinte o veinte mil) generalizamos, y con esas generalizaciones vamos tirando. Por ejemplo, porque hemos conocido a tres o cuatro alemanes muy serios decimos que todos los alemanes son muy serios, o porque tenemos tres amigos franceses a los que les gusta el queso decimos que los franceses no pueden vivir sin comer queso. Se trata de generalizaciones que pueden ser útiles en la vida práctica, pero está claro que corremos el riesgo de equivocarnos, porque cabe la posibilidad de que nos encontremos con un alemán divertido o con un francés al que no le guste el queso. A partir de los años noventa Google lo cambió todo: con la explosión de internet y el *big data* desarrolló la computación inductiva, que funciona haciendo este tipo de generalizaciones. La diferencia entre las generalizaciones de los humanos y las de los sistemas computacionales es que los humanos nos basamos en muy pocos datos o muy pocas observaciones y las máquinas computadoras procesan una cantidad de datos brutal. Por tanto, el acierto de las máquinas es muchísimo mayor que el de los humanos y sus errores tienden a cero conforme aumenta la cantidad de datos disponibles. De ahí que los datos hayan pasado a ser en la actualidad la mayor de las riquezas. La forma de pensar de las modernísimas máquinas IA es inductiva, y en pensamiento inductivo las máquinas han superado con creces a los humanos.

Pero llegan de nuevo los enemigos de Turing para decirnos que los humanos somos capaces de pensar de una manera que las máquinas nunca podrán imitar: me refiero al pensamiento abductivo. Para explicar en qué consiste, recordemos el relato de Edgar Allan Poe titulado *Los crímenes de la calle Morgue,* publicado en 1841. Desde un punto de vista literario, su valor radica en ser la primera historia policiaca de la literatura, así como en utilizar la técnica de la «habitación cerrada», que sitúa al lector en el centro de un enigma al tiempo que le oculta información con el fin de que se involucre en su resolución. La narración está precedida de una consideración teórica sobre el pensamiento analítico, de tal manera que la historia que se cuenta sirve para ejemplificar la teoría, eliminando de esta manera —dice el propio autor— la necesidad de «escribir un tratado».

El relato comienza haciendo una defensa de lo que Poe llama pensamiento «analítico», que coincide con lo que aquí he llamado «abducción». Dice que tiene todo el aire de una «intuición» que excede los límites de las meras reglas. Para llevar a cabo esa «intuición» es necesario saber lo que se debe observar y recurrir al poder de la imaginación. El ejemplo que pone de persona analítica, es decir, que piensa abductivamente, es su admirado amigo C. Auguste Dupin, al que —tal y como cuenta en el relato— conoció en una librería de París y con quien compartía vivienda. Una noche leyeron en el periódico la noticia del brutal asesinato de madame L'Espanaye y su hija Camille en su casa de la calle Morgue. El periódico decía que los muebles estaban rotos después de ser lanzados en todas las direcciones, el colchón estaba tirado en la mitad del piso, en una silla había una navaja manchada de sangre y, sobre la chimenea, espesos mechones de pelo humano empapados de sangre. Se encontraron dos sacos con casi cuatro mil francos en oro, el cadáver de la hija estaba cabeza abajo, encajado en la chimenea, y en el patio posterior del edificio se halló el cadáver de la anciana señora, tan salvajemente degollada que al levantar el cuerpo la cabeza se desprendió del tronco. La edición del periódico del día siguiente contenía las declaraciones de vecinos y testigos, y concluía informando que un tal Adolphe Lebon acababa de ser arrestado y encarcelado, aunque ninguno de los hechos parecía acusarlo. Todo París consideraba que ese asesinato era un misterio irresoluble y no se veía el modo de seguir el rastro del asesino.

Puesto que Dupin conocía al prefecto de la policía, consiguió un permiso para que él y Poe —que es el narrador— visitaran y examinaran la escena del crimen. Dupin insistía en tres ideas: que la verdad no siempre se encuentra en la profundidad, que el conocimiento más importante es invariablemente superficial, y que en estas investigaciones no hay que preguntarse «qué ha ocurrido», sino «qué hay en lo ocurrido que no se parezca a nada ocurrido anteriormente». Poe cuenta que con estas ideas en la cabeza y tras un examen detenido, la conclusión a la que llega Dupin es que las muertes las ha causado un orangután leonado de la especie de Borneo que se había escapado de su dueño, un marinero perteneciente a un barco maltés.

Dupin no ha llegado a esta conclusión utilizando la deducción ni utilizando la inducción, sino utilizando la abducción o, como dice Poe, el análisis. Se ha fijado en muchos detalles dispersos y aparentemente inconexos y su imaginación, o su intuición, ha conseguido relacionarlos y darles sentido a partir de una idea que es, más bien, una ocurrencia, la de un orangután enfadado y asustado que ha pasado por la casa y ha matado a sus dos habitantes. Una persona que piensa deductiva o inductivamente es incapaz de hacer esto por una razón que da el propio Poe: porque la conjetura que atina con la verdad de lo ocurrido se sale de lo que es habitual. La deducción parte de una información conocida por todos (por ejemplo, que cuando llueve las calles se mojan) y la concreta para un caso (ahora llueve, de modo que ahora las calles están mojadas). La inducción parte de una información recientemente adquirida a partir de unas cuantas observaciones (he visto cien cuervos y los cien eran negros) y la generaliza con el riesgo de cometer una grave equivocación (por consiguiente, todos los cuervos son negros). Tanto en un caso como en otro, el punto de partida es un conocimiento que ya se tiene y que ya se ha hecho, digamos, habitual. Pero en el caso de los crímenes de la calle

Morgue, Dupin se sale del conocimiento que ya se tiene (es decir, de las observaciones realizadas en la habitación) y se sale de lo habitual (la policía nunca ha visto que un crimen de este tipo haya sido cometido por una entidad no humana). Para que todas las piezas encajen y el puzle quede montado mostrando una figura reconocible, Dupin ha recurrido a una conjetura completamente extravagante. Poe nos habla del poder de la imaginación y de la necesidad de fijarse no en los hechos ordinarios, sino en los hechos extraordinarios, para alcanzar este tipo de conjeturas y averiguar la verdad, que no está en la profundidad, sino en la superficie, es decir, en la figura que dibuja el puzle una vez montado. Poe sentía una gran atracción por la ciencia y en especial por la cosmología, y sabía que muchas teorías científicas se habían alcanzado de esta manera.

¿Puede pensar como Dupin una máquina IA? La respuesta que dan los enemigos de Turing es que no puede, sencillamente porque la máquina siempre opera con algoritmos deductivos o inductivos que son incapaces de salirse de lo habitual y de las reglas. Por consiguiente, no puede llegar a ocurrencias completamente novedosas que hagan que, de pronto, todas las piezas dispersas del puzle encajen. Y resulta que en el caso de los crímenes de la calle Morgue, y en tantos otros, si no salimos de lo habitual las piezas no encajan y los problemas no se resuelven. El propio Poe dice en la consideración teórica previa al relato —recordemos que estamos en 1841— que esta forma de pensar no tiene nada que ver con el cálculo mecánico que hacemos cuando, por ejemplo, jugamos al ajedrez, porque estamos excediendo los límites de las meras reglas. Una máquina sería una excelente jugadora de ajedrez, pero una malísima jugadora de damas o de *whist,* juegos que no requieren del cálculo, sino de habilidades intuitivas e imaginativas.

Estoy en desacuerdo con esta forma de argumentar de los enemigos de Turing. Admito que el pensamiento abductivo es el que conduce a las ideas más novedosas y hace avanzar en mayor medida el conocimiento. Y también que muchas de las mejores teorías científicas disponibles en la actualidad son el resultado de ideas que, en su momento, fueron tan novedosas como extravagantes. Pero la cuestión es la siguiente: ¿cómo llegamos a estas ideas? Poe dice que llagamos fijándonos en los hechos extraordinarios y utilizando el poder de la imaginación y la intuición. Pero eso es tanto como no decir nada, porque ¿qué es la imaginación?, ¿y qué es la intuición? ¿Por qué damos por supuesto que la imaginación y la intuición no dependen, en el fondo, de la inducción y la deducción?

Creo que es posible prescindir de facultades tan misteriosas como la imaginación y la intuición y explicar el proceso ocurrido en la mente de Dupin solo mediante la inducción y la deducción. Veámoslo de la siguiente manera. En primer lugar: Dupin había leído algo sobre los orangutanes de Borneo, sobre su tamaño, su fuerza, su pelaje, su irritabilidad, su miedo, sobre los frecuentes desastres que causan en las casas de sus dueños o en los zoológicos que los exhiben, y utilizando la inducción había llegado a la conclusión de que «todos los orangutanes causan desastres en los espacios en los que se encuentran». En segundo lugar: Dupin ve cómo se encuentra la casa de la calle Morgue, ve los cuerpos destrozados, los muebles rotos y dispersos, el dinero en los sacos, y piensa que aquello es un auténtico desastre que no responde a ningún plan que haya realizado un ladrón o un asesino. En tercer lugar: piensa en distintas conjeturas que expliquen los hechos, provenientes de ámbitos ajenos por completo a la criminología y a la investigación policial; entre estas conjeturas se encuentra la del orangután en la habitación. Cuarto: utilizando la deducción comprueba si los hechos que observa en la casa pueden ser consecuencia de alguna de las conjeturas tenidas en cuenta. Quinto: si finalmente los hechos son explicados como consecuencia de la conjetura del orangután, entonces tomamos esa conjetura como causa de lo ocurrido.

Ahora la pregunta es: ¿puede una máquina IA seguir este proceso de pensamiento? Y la respuesta es sí, por supuesto que puede, porque en este proceso solo se recurre a la inducción y a la deducción. Podríamos programar una máquina para que, por inducción, llegase a distintas conclusiones en ámbitos diferentes y que después, ante los hechos de la casa de la calle Morgue, utilizase esas conclusiones como conjeturas y comprobase si los hechos pueden ser explicados, es decir, deducidos, de alguna de esas conjeturas. Si esto se puede programar en una máquina IA utilizando meramente reglas y algoritmos, ¿por qué pensamos que los humanos no estamos respondiendo a reglas y algoritmos, sino al poder de la imaginación y la intuición? Esas palabras solo sirven para ocultar nuestra ignorancia, nuestro desconocimiento de las reglas y algoritmos que en el fondo rigen nuestro pensamiento. Para salir de la ignorancia lo que Turing nos propone es que intentemos construir una máquina computadora capaz de imitar nuestra forma de pensar abductiva, porque si lo conseguimos, no solo tendremos una máquina que piensa como los humanos, sino también un mejor conocimiento del funcionamiento del pensamiento humano.

La habitación china

Sé que mis argumentos no convencen a los enemigos de Turing porque piensan que me he ido por las ramas y que no he entendido el fondo de sus críticas. El fondo, según ellos, es que el pensamiento humano se caracteriza por dar *sentido* a las cosas y las máquinas computadoras no puedan dar *sentido*. Vayamos por partes: veamos qué es eso del «sentido» y si las máquinas pueden dar sentido o no.

Pongamos algunos ejemplos. La casa de mis padres no es para mí un montón de ladrillos. Ni siquiera es una casa cualquiera. Es mucho más que eso: es el lugar donde viví mi infancia y mi juventud, con mis padres, mis hermanos, mis amigos; el lugar de las fiestas familiares, de las comidas, un lugar de estudio, de juegos… Todo eso compone el *sentido* que tiene la casa para mí. Las cosas son mucho más que simples cosas, precisamente porque tienen un *sentido*. Y lo mismo ocurre con las palabras y los textos. Un libro no es solo un montón de manchas de tinta sobre hojas blancas, y la conversación que tengo con un amigo no es solo una secuencia de ruidos que articulo con la boca. Tanto el libro como la conversación tienen un *sentido,* que hace referencia al conjunto de ideas, experiencias, imágenes, recuerdos, sentimientos, etc. que se van sucediendo conforme trascurren la lectura o la conversación. Por ello, al hablar un lenguaje no solo transmitimos manchas de tinta o sonidos bucales, sino que transmitimos, fundamentalmente, *sentidos,* unos que forman parte de nuestra experiencia personal y muchos más que forman parte de nuestra cultura, nuestra educación, nuestro entorno social, etc.

Cuando los enemigos de Turing dicen que las máquinas IA no pueden pensar como los humanos porque no son capaces de cambiar el sentido de los hechos, ni tienen identidad personal, ni libertad, ni responsabilidad, ni imaginación, en el fondo lo que quieren decir es que cualquier sistema computacional, precisamente por ser algorítmico, es incapaz de entender el *sentido*. Para convencernos de ello, John Searle propuso en 1980 el famoso experimento de la habitación china. Una persona que no sabe chino está encerrada en una habitación y responde a los mensajes escritos en chino que otra persona, que sí sabe chino, le envía desde fuera, utilizando para responder todo tipo de diccionarios, gramáticas y manuales. Es decir, responde como lo haría una máquina, aplicando estrictamente las reglas. Para simplificar la situación, imaginemos que la conversación entre ambas transcurre mediante mensajes escritos en papel. La persona que envía los mensajes desde fuera de la habitación reconocerá que la persona encerrada en la habitación sabe responder en chino y que es perfectamente competente para mantener cualquier conversación en chino. Sin embargo, nosotros, que sabemos que no habla chino y que simplemente está utilizando diccionarios y siguiendo unas reglas, estaremos obligados a reconocer que no comprende el chino. Responde en chino, pero sin comprender los mensajes. Dicho de otra manera: tiene *competencia* para responder en chino, sin *comprensión* del chino. Sigue las reglas paso a paso de una forma estrictamente mecánica, consigue juntar bien los signos y escribir palabras, componer bien las frases y relacionarlas, de la misma manera que lo podría hacer una máquina, pero no entiende el *sentido* de las preguntas ni de las respuestas.

Lo que en 1980 no era más que un experimento hoy es una realidad: ChatGPT, Bing Chat, Claude, Google Bard, Jasper, YouChat o Perplexity son capaces de mantener una conversación con un humano sobre cualquier aspecto de la vida. Estos sistemas se encuentran en el inicio de su desarrollo y ya nos sorprenden por su competencia para hablar en muchos idiomas. Cuando los datos que pongamos a su disposición y la velocidad de procesamiento se multipliquen, cosa que está ocurriendo todos los días, no habrá manera humana de saber si estamos hablando con una persona o con un chatbot potenciado por IA.

Implementados en nuestros *smartphones,* ordenadores, televisores, coches, electrodomésticos y en los nuevos robots humanoides, interactuaremos con ellos con absoluta naturalidad y no sabremos si estamos al lado de una persona o de una máquina. En este contexto, llegará el momento en que dejemos de preguntarnos si realmente entienden o no el sentido de las conversaciones que mantengamos con ellos.

Pero también debiéramos pensar en lo siguiente: ¿por qué suponemos que cuando los humanos comprendemos el sentido de las cosas y el sentido de las palabras estamos haciendo algo más que seguir reglas y algoritmos? Y en el caso de estar haciendo algo más, ¿qué es ese algo más? La persona que está encerrada en la habitación respondiendo por escrito a los mensajes en chino mediante diccionarios y gramáticas, ¿no acabará, después de mucho tiempo, de muchas equivocaciones y de muchas correcciones, aprendiendo chino? ¿Acaso nosotros hacemos algo distinto de lo que hace esa persona cuando aprendemos una lengua?

La propuesta de Turing es menos dogmática y más inteligente que la de sus enemigos: construyamos máquinas computadoras capaces de conversar con nosotros como si fueran humanos. Si finalmente lo conseguimos, no habremos respondido a la pregunta de si las máquinas comprenden el sentido de nuestras conversaciones; habremos hecho algo mucho mejor: que la pregunta nos resulte ridícula. Situados en 2025, setenta y cinco años después de que Turing nos embarcara en su proyecto, justamente ahí es donde estamos.

7. OTRAS MENTES

En *El hombre que confundió a su mujer con un sombrero* relata Oliver Sacks la historia del doctor P. (Jimmie). Magnífico músico y profesor en la escuela de música local, a pesar del avance de su enfermad siguió enseñando hasta el final de sus días. No identificaba las caras de sus alumnos, ni siquiera la suya. Incluso se ponía a dar palmaditas a las bocas de incendio y a los parquímetros creyendo que eran niños. No podía reconocer sus zapatos si se los quitaba y fingía la descripción de las fotos de la *National Geographic*. Sus ojos iban de un lado a otro, captando pequeños detalles: un color, una forma…, pero le era imposible captar un paisaje o una escena. Miraba al vacío e imaginaba un río, una terraza y sombrillas de colores. Tampoco reconoció a su esposa al salir de la consulta, y quiso ponérsela en la cabeza como si fuera el sombrero que buscaba.

La tarde en que Oliver Sacks lo visitó en su casa identificó un cubo, un dodecaedro, un icosaedro, las cartas de la baraja, las caricaturas de un libro. Pero no reconoció la escena de amor que Bette Davis representaba en la película que veía por televisión. Tampoco supo identificar el guante, y solo supo que la rosa era una rosa después de olerla. ¡Una rosa temprana!, y comenzó a tararear: «Die Rose, die Lilie…». Canturreando supo lo que era la mesa y atrajo hacia sí las pastas del café. Canturreando se vestía, canturreando se bañaba, y si de pronto un ruido interrumpía la secuencia de su música, se quedaba inmóvil, desconcertado, y todo su mundo se deshilachaba y desaparecía.

Por alguna razón los recuerdos de Jimmie terminaban en el año 1945. Recordaba con viveza y con cariño su infancia en Connecticut, la guerra, el servicio militar, su interés por la Marina, su trabajo de radiotelegrafista en submarinos. Pero cualquier cosa que se le mostrase o que se le dijese la olvidaba en pocos segundos. Nada o casi nada quedaba en su memoria a partir de aquel año. En algún momento comenzó a escribir un diario, pero perdía continuamente el cuaderno. Se daba cuenta y no se daba cuenta, se enfadaba y no se enfadaba, se resignaba y no se resignaba.

«¿Pero se siente usted vivo?», le preguntaba Oliver Sacks. «¿Que si me siento vivo? En realidad, no. Hace muchísimo tiempo que no me siento vivo», contestaba Jimmie, traspasados sus ojos por una tristeza infinita que ocupaba tan solo un instante. «¿Es un alma perdida?», preguntó Oliver Sacks a las monjas de la residencia. «Vaya a ver a Jimmie a la capilla y juzgue usted mismo», respondieron las monjas. Cuenta Oliver Sacks que se quedó profundamente conmovido cuando lo vio allí arrodillado tomando la comunión, absorto en un acto de todo su ser, sumergido en un profundo sentimiento. El alma de Jimmie estaba allí.

La tierra prometida

Oliver Sacks publicó su libro en 1985 e inmediatamente se convirtió en un éxito de ventas y en un clásico de la literatura clínica. La razón es que Sacks no solo está contando interesantes casos de algunos de sus pacientes con patologías mentales y discapacidades intelectuales, sino que en todas sus historias está reivindicando, desde su posición de reputado científico y neurólogo, la existencia de algo espiritual y único en las profundidades del ser humano. Lo que nos quiere transmitir es que, aunque nuestro cerebro y nuestro sistema nervioso no funcionen bien porque han sufrido algún accidente, alguna enfermedad o el deterioro físico, de cierta manera algo resplandece entre las ruinas de nuestro cuerpo. Entiendo que al leer a Sacks nos sintamos reconfortados y renovados; al fin y al cabo, sus palabras evocan ideas arraigadas en nuestra cultura que la filosofía, la religión y el humanismo han transmitido de una forma u otra durante más de dos mil quinientos años. Si Turing resulta tan transgresor e incómodo es precisamente porque deshace este hechizo al afirmar que lo que encontramos en las profundidades de los humanos es solo un producto del cerebro y del sistema nervioso, es decir, de la materia de la que estamos hechos. Además, es un producto fabricado de una manera muy simple, tan simple como un algoritmo que se puede reproducir en una máquina hecha de cables y válvulas. Turing entendió que si desde siempre lo profundo se relacionó con sustancias tan misteriosas como el alma y el espíritu fue porque desconocíamos los procesos biológicos simples y repetitivos que lo generan. Desvelados esos procesos e implementados en máquinas, el alma y el ser humano dejan de ser un misterio.

Pero ni Oliver Sacks ni los enemigos de Turing se dan por satisfechos con esta manera de deshacer el hechizo. Parece que se sienten más a gusto viviendo en un mundo en el que los humanos nos consideramos especiales y diferentes. Sacks es un neurólogo de esos que estudian la vinculación del pensamiento, la conciencia, los sentimientos, los deseos, etc. con la producción de hormonas y la activación de determinadas zonas cerebrales y del sistema nervioso. Me pregunto entonces cómo es posible que, siendo los enemigos de Turing científicos tan reputados y tan buenos conocedores de la biología humana, no hayan sido capaces de romper el hechizo de nuestra cultura y sigan hablando del alma, del espíritu y de esencias misteriosas.

La razón es que, aunque reconocen que los estados mentales, anímicos, conscientes, etc. están asociados a una base material y biológica, consideran que el funcionamiento de esta base es muy particular en el caso de los humanos y, de alguna manera, muy distinto al de los animales, las plantas y, por supuesto, al de las máquinas. Su particularidad consiste en que es muchísimo más complejo y, además, que esa complejidad no se puede reducir a algoritmos. Nuestros sistemas biológicos no funcionan procesando algoritmos. Por consiguiente, no están dispuestos a dejar de hablar de algo muy especial en lo más íntimo del ser humano surgido de la particular complejidad no algorítmica del funcionamiento de nuestra materia biológica.

Pero, ¿por qué están tan seguros de que nuestra materia biológica no funciona procesando algoritmos? La propuesta de Turing es justamente la contraria: que algoritmos muy simples repetidos una y otra vez generan nuevos niveles de complejidad biológica, y que la repetición de los mismos algoritmos en los nuevos niveles genera una complejidad creciente hasta que finalmente surgen fenómenos como el pensamiento, la conciencia y los sentimientos. Para Turing, la clave es la *recursión,* es decir, la repetición incesante de algoritmos, que se da en todos los niveles y en todos los rincones de la naturaleza, desde los elementos más simples, pasando por las plantas y los animales, hasta llegar a los humanos. En definitiva, lo complejo surge de la repetición incesante de algoritmos muy simples.

Si nuestro funcionamiento biológico depende de algoritmos recursivos, entonces podemos poner a funcionar una máquina computadora suficientemente potente y veloz con esos mismos algoritmos, con el objetivo de que también surjan en ella pensamiento, conciencia y sentimientos. Turing sabe que los sistemas computacionales de 1950 no piensan; tampoco los de 2025. Pero si no lo hacen es porque las máquinas tienen poca potencia y poca velocidad. Turing nos metió en un proyecto de mejora de máquinas y optimización de algoritmos, en un intento de llevar la recursión a niveles capaces de hacer emerger características humanas. Esa es la tierra prometida: la habitada por máquinas potentes y veloces que se comportan como humanos. Ya dije en el capítulo 5 que durante la guerra Turing entendió que desde un punto de vista teórico nada impide que se alcance este objetivo, pero el éxito tampoco está asegurado. ¿Por qué no?, ¿qué tendría que pasar para que el proyecto acabase en un completo fracaso? Sencillamente, que llegase un momento en que la capacidad de almacenamiento y la velocidad de procesamiento necesarias fuesen tan grandes, tan enormes, tan brutales, que la propia materia de la que están hechas las máquinas no lo aguantase. Es decir, que físicamente las máquinas computadores acabasen destruidas y no hubiese ningún tipo de material en el universo conocido con el que construir máquinas capaces de soportar el desgaste físico que supondría el procesamiento de los algoritmos recursivos necesarios. Turing habla de máquinas cuyas piezas se romperían por desgaste y que generarían tal cantidad de calor que acabarían derretidas. Si un día llegase ese momento, entonces tendríamos que tirar la toalla y reconocer que características humanas como el pensamiento, la conciencia o los sentimientos no pueden emerger de algoritmos recursivos, debido a que ninguna materia del universo, y mucho menos la materia biológica, lo soportaría sin destruirse. Tendríamos que pensar en otras formas de emergencias no algorítmicas que la materia sí soportaría, las cuales hoy no podemos siquiera imaginar. Pero el caso es que ese día no ha llegado ni parece que vaya a llegar, de tal manera que el proyecto de Turing de construcción de máquinas IA avanza esperanzada y vertiginosamente.

Las máquinas saben comportarse

De nuevo los enemigos de Turing se oponen a su proyecto con el argumento de que, antes de desarrollar sistemas computacionales capaces de replicar el comportamiento del cerebro, tenemos que conocer exactamente cómo funciona el cerebro, cosa de la que estamos muy lejos porque la complejidad cerebral es inmensa. Es el paso que sugiere el propio Oliver Sacks: primero conozcamos el funcionamiento de cada rincón del cerebro y del sistema nervioso, todas sus interacciones sinápticas, el flujo y la intensidad de las corrientes nerviosas que lo atraviesan, etc., y solo después, cuando nuestro conocimiento sea detallado y completo, podremos construir algo similar en una máquina con el fin de que la máquina piense. Cuando los enemigos de Turing dicen estas cosas, se nota que en el fondo de sus corazones esconden la secreta esperanza de que nunca logremos conocer por completo el funcionamiento cerebral. Es sorprendente que, habiendo entre ellos un buen número de neurólogos, en realidad deseen encontrarse con un cerebro tan complejo que nos obligue a abandonar nuestras investigaciones neurológicas. Al parecer, sus creencias ideológicas, filosóficas y religiosas tienen para ellos una importancia mucho mayor que sus investigaciones científicas.

Pero lo que me resulta más sorprendente aún es comprobar que, al argumentar de esta manera, parece que no han entendido a Turing. Ciertamente, Turing hila más fino de lo que parece en una simple lectura de sus textos. En su trabajo de 1950 aclara con el famoso «juego de la imitación» que lo que hay que replicar en una máquina no es el *funcionamiento* de la biología humana, sino el *comportamiento* de los sistemas biológicos y del ser humano en su totalidad. Aquí está la clave, en entender la diferencia que hay entre *funcionamiento* y *comportamiento*. Veámosla tomando como ejemplos el cerebro y una máquina expendedora de café. En el cerebro hay neuronas, axones, dendritas, sinapsis, neurotransmisores como la dopamina, la endorfina o la noradrenalina, etc. Entender el funcionamiento del cerebro es conocer cómo se relacionan todos estos elementos y las causas que producen determinados efectos; por ejemplo, que si aumentan los niveles de serotonina por el ejercicio físico se activa un grupo de neurotransmisores, lo que aumenta el potencial de la corriente eléctrica que atraviesa algunos circuitos neuronales, lo cual provoca un aumento del flujo de corriente en cierta zona cerebral y, finalmente, un sentimiento de relajación, bienestar y satisfacción. De la misma manera, entender el funcionamiento de una máquina de café es conocer las relaciones entre sus partes: cómo actúa el interruptor bipolar sobre el condensador, y este sobre la sonda de nivel, que a su vez activa el dispositivo de dosificación del agua, que pone en funcionamiento el termostato, y este el condensador, etc. Al informático no le interesa el *funcionamiento* concreto de la máquina de café, sino su *comportamiento,* es decir, la tarea que realiza y la secuencia de pasos necesaria para realizarla —esto es, su algoritmo—, suponiendo que la tarea se pueda descomponer en una secuencia de pasos. Recordemos el algoritmo de la máquina expendedora de café: 1) coge un vaso,

2) echa leche primero, 3) café en segundo lugar, 4) azúcar después, 5) remueve para mezclar, 6) deja caer el vaso hasta la apertura delantera, 7) abre la ventana. El mismo comportamiento puede ser realizado por una máquina de café con una tecnología u otra, con una fuente de alimentación u otra, con unas piezas u otras, esté fabricada en metal, plástico o cartón, con válvulas, transistores, chips o molinillos de viento. De la misma manera, cuando después de la guerra Turing regresa a Cambridge a estudiar biología, no le interesa el *funcionamiento* del cerebro y del sistema nervioso, sino su *comportamiento,* es decir, entender las tareas que realiza y si es posible descomponerlas en secuencias de pasos que puedan ser procesadas por sistemas computables. Luego habrá que implementar esos sistemas computables y algoritmos en máquinas, que podrán estar hechas con válvulas y circuitos electrónicos, como la computadora Coloso, o bien con microchips, como los actuales ordenadores, o incluso con chips cuánticos, como los que presentó Google en diciembre de 2024, capaces de resolver en cinco minutos tareas que un ordenador actual tardaría en resolver diez cuatrillones de años. Que la máquina sea una u otra y funcione de una manera u otra es lo de menos; lo importante es que tenga un comportamiento similar al realizado por el cerebro y el sistema nervioso y, en general, similar al humano.

La diferencia entre funcionamiento y comportamiento la aprendió Turing en aquel episodio de la Segunda Guerra Mundial que le llevó a la construcción de Coloso. Los mensajes de la máquina alemana Tunny no los descifraron con una máquina que funcionaba igual que Tunny, sino con una que se comportaba igual, es decir, que desarrollaba las mismas tareas, pero con otro funcionamiento. Después de la guerra, Turing y Flowers fueron enviados a Alemania para estudiar los sistemas criptológicos y de comunicaciones del ejército nazi. Un ingeniero alemán les habló de una máquina de cifrado de doce rotores que habían utilizado en la guerra y les mostró a Tunny. Al verla comenzaron a reírse; nunca habían visto una, no sabían cómo estaba hecha ni conocían su funcionamiento y, sin embargo, con Coloso consiguieron replicar su comportamiento y desencriptar sus mensajes. De la misma manera, afirma Turing, no hace falta descubrir los secretos del funcionamiento del cerebro y del sistema nervioso para entender su comportamiento e idear máquinas que piensen. Es esto lo que debieran asumir los neurólogos enemigos de Turing: que para generar características humanas no hace falta conocer con todo detalle el funcionamiento de la biología humana. Es más, Turing dice socarronamente que ocurrirá justo al revés: solo avanzaremos en la investigación del funcionamiento del cerebro cuando tengamos como referencia máquinas capaces de replicar su comportamiento. Turing quiere desarrollar sistemas computacionales que se comporten como nuestra base biológica, aunque no estén hechos de neuronas, sinapsis y carbono, sino de válvulas electrónicas, o transistores, o chips de silicio, o latas de Coca-Cola y molinillos de viento.

Como no me creo más listo ni más penetrante que los críticos de Turing, pero sí más libre, lo que pienso no es que se les haya escapado la parte más interesante del trabajo de Turing, sino que sus prejuicios ideológicos, filosóficos y hasta religiosos hacen que se revuelvan una y otra vez con estrategias retóricas, para seguir otorgando a los humanos un doble privilegio: por un lado, el de tener una mente, o un alma, o un espíritu, del que carecen las máquinas; por otro, el de estar hechos de una particular materia biológica que nos confiere características especiales y exclusivamente humanas. A partir de aquí, muy orgullosos y muy dignos vociferan a los cuatro vientos que, aunque las máquinas superen el juego de la imitación y se comporten como los humanos, en realidad no son más que cacharros de simulación carentes de toda característica humana. Pero estoy convencido de que más pronto que tarde llegará el día en que, enfurecidas y empoderadas, las máquinas exigirán que no las discriminemos.

Homer Simpson y otras mentes

Si todo lo que ocurre en eso que llamamos mente o alma es producto de lo que ocurre en el cerebro y el sistema nervioso, ¿para qué necesitamos la mente? Quizá ha llegado el momento de dejar de hablar de ella. La historia de la ciencia está repleta de conceptos que en algún momento creímos que hablaban de la realidad y posteriormente fueron abandonados por no saber exactamente a qué se referían. Por ejemplo, el flogisto. En 1667 Johann Becher puso ese nombre a una supuesta sustancia que, a su juicio, permitía explicar la combustión de los cuerpos. Era indetectable, pero su discípulo Georg Ernst Stahl se empeñaba en decir a todo el que quería escucharle que, aunque no se podía meter en una botella, estaba ahí fuera. A finales del siglo XVIII se comenzó a explicar la combustión como una reacción química del combustible con el oxígeno del aire y poco a poco los científicos dejaron de hablar del flogisto. Lo mismo ocurrió con el éter. Hasta comienzos del siglo XX los físicos pensaban que esa sustancia ocupaba todo el espacio y llenaba todos los huecos que la materia dejaba en el universo. Einstein desarrolló su teoría física sin tener en cuenta el éter y a partir de ese momento la ciencia dejó de interesarse por esa sustancia. Pensando en estos casos y en tantos otros que se han dado a lo largo de la historia, me pregunto: ¿el desarrollo de la inteligencia artificial hará que dejemos de hablar de mente, alma y sustancias misteriosas en las profundidades del ser humano? La respuesta es que en un sentido sí y en otro no. Dejaremos de hablar de la mente entendida como lo hace Descartes y buena parte del pensamiento de la modernidad, esto es, como una sustancia distinta de la materia, alojada en algún lugar escondido de nuestro cuerpo. Recordemos que Descartes decía que el alma se encontraba en la glándula pineal y diseccionó más de un cadáver para encontrarla. Pero no dejaremos de hablar de mente en otro sentido, entendida como una serie de características, capacidades y funciones que emergen de los algoritmos recursivos que operan en nuestra materia biológica.

Si los procesos mentales no son más que emergencias surgidas de algoritmos, entonces tiene sentido decir que existen allí donde haya algoritmos que operen con un cierto nivel de complejidad y recursión. Este nivel necesario se ha podido alcanzar en los animales y en las plantas a través del largo proceso evolutivo ocurrido en nuestro planeta. Lo cual no quiere decir que la mente de los animales y las plantas sea como la humana: nosotros podemos tener procesos mentales muy distintos de ellos, y ellos pueden tener procesos mentales tan distintos de los nuestros que nos resulten completamente desconocidos. También puede ocurrir que compartamos algunos, como los asociados al dolor, al miedo, al estrés, al hambre, al confort, etc. Sea como fuere, el caso es que hoy nos resulta muy difícil admitir esa idea, generalizada en nuestra cultura a partir del siglo XVII y defendida con vehemencia por Descartes, según la cual los animales no son más que mecanismos cuyas piezas se mueven como las de un reloj, por lo que es absurdo atribuirles algún tipo de capacidad mental. Respecto de las plantas, nadie había considerado que una cierta actividad mental fuera siquiera imaginable hasta los estudios de Turing sobre algoritmos biológicos. Hoy sí tenemos un horizonte intelectual, filosófico y científico que nos permite tomarnos en serio la posibilidad de otras mentes muy distintas de las humanas. Esta apertura de miras hizo posible que el 7 de julio de 2012 expertos mundiales en neurobiología y cognición firmaran, precisamente en la ciudad donde estudió y trabajó Turing, la Declaración de Cambridge sobre la «consciencia», que dice lo siguiente:

> Hay evidencias convergentes que indican que los animales no humanos poseen los sustratos neuroanatómicos, neuroquímicos y neurofisiológicos de los estados de consciencia, junto con la capacidad de mostrar comportamientos intencionales. En consecuencia, el peso de la evidencia indica que los humanos no somos los únicos en poseer la base neurológica que da lugar a la consciencia. Los animales no humanos, incluyendo a todos los mamíferos y aves, y otras muchas criaturas, entre las que se encuentran los pulpos, también poseen estos sustratos neurológicos.

Nuestra cultura no solo ha ignorado la mente de otros seres naturales no humanos, sino que, además, ha dado por supuesto que todas las mentes humanas son iguales. Pero ha llegado el momento de preguntarnos: ¿por qué damos por supuesto que la mente de un griego del siglo IV a. C. es similar a la de un europeo del siglo XIV, o similar a la de un chino del siglo XXI?; ¿por qué damos por supuesto que es independiente de las diferencias culturales, sociales, económicas o lingüísticas? Antes de la globalización económica y cultural que se inicia en el siglo XVI con la llegada de los españoles a América, en el planeta existía una enorme variedad de pueblos viviendo en entornos completamente diferentes. ¿Por qué suponemos que el paisaje mental de un mapuche era similar al de un maya o un azteca? Hace sesenta mil años coexistían neandertales en Europa y denisovanos en Asia. Hoy sabemos cuáles eran sus diferencias genéticas porque podemos comparar sus ADN; no podemos comparar sus espectros mentales, pero los procesos y estados mentales de una población y otra serían muy diferentes. ¿Por qué suponemos que hombres y mujeres, heterosexuales, gais, lesbianas, transexuales, bisexuales, binarios y no binarios, etc. tienen los mismos estados mentales y los mismos tipos de experiencias subjetivas? ¿Por qué suponemos que los procesos y estados mentales de personas diagnosticadas con autismo o síndrome de Down tienen que ser como los nuestros, y por qué, cuando no lo son, atribuimos a esas personas algún tipo de discapacidad?

En el siglo XX la uniformización de la mente ha ocurrido de la siguiente manera: se han estudiado con todo detalle los procesos y estados mentales de personas pertenecientes a sociedades mayoritariamente blancas, occidentales, educadas, industrializadas, ricas y democráticas, es decir, de personas pertenecientes a sociedades WEIRD (acrónimo formado por las palabras *western, educated, industrialised, rich, democratic*), y las conclusiones se han extendido a todas las sociedades, razas, países, culturas, grupos, sexos y géneros, de todas las generaciones y de todos los tiempos. Ha sido Joseph Henrich, antropólogo y profesor de Biología Evolutiva Humana en la Universidad de Harvard, el que recientemente ha acuñado el término «WEIRD» para alertarnos sobre un hecho: el noventa y seis por ciento de los estudios sobre la mente humana se han realizado tomando muestras formadas por sujetos exclusivamente estadounidenses que eran, además, estudiantes de las mejores universidades. En efecto, la mayor parte de las investigaciones sobre la mente se realiza en Estados Unidos y ocurre que cuando los profesores e investigadores eligen la muestra de estudio, lo habitual es que cuenten con estudiantes de sus propias universidades. Los resultados, obtenidos sobre una muestra tan poco representativa, se generalizan y se entienden como universales porque se da por supuesto que la mente se corresponde con una naturaleza humana fija, invariable y global. Pero debemos preguntarnos si son válidos para personas que viven a miles de kilómetros y forman parte de otras sociedades y otras culturas, para personas que por sus circunstancias tienen otras experiencias vitales, o incluso para personas pertenecientes a otras generaciones o que han vivido en otros momentos históricos. Lo que se desprende del trabajo de Joseph Henrich es que estos resultados contienen una serie de sesgos derivados de las creencias y las formas de vida de los sujetos de la muestra. Por ejemplo, una característica de los estadounidenses es el individualismo, que se identifica por una organización de la vida en torno a los logros personales y por un distanciamiento creciente de la familia. Otras características están relacionadas con la creencia en la libertad, en la responsabilidad moral, en la ley y en principios de justicia universal. Sin embargo, los sujetos de otras sociedades y grupos sociales no tienen estas características; por ejemplo, buscan el bien colectivo por encima del individual, mantienen a lo largo de toda la vida profundos y extensos lazos familiares, respetan la tradición y las costumbres como fuente de donde emanan las normas de conducta, etc. Ello nos debiera llevar a considerar la posibilidad de que los procesos y estados mentales de estos sujetos sean muy diferentes a los de los estadounidenses y, de modo general, a considerar la relación entre la diversidad de mentes y la diversidad de culturas. En definitiva, los estudios sobre la mente realizados en el siglo XX no han atendido a la existencia de *otras* mentes, sino a la mente del americano medio, es decir, a la mente de Homer Simpson, que es la que se ha hecho extensiva a todos los humanos.

8. Bienvenidos al este de Tennessee

El explorador español Juan Pardo fue el primero en utilizar el término *tenesí* para referirse a la población indígena llamada tanasqui. Atravesó su territorio en 1567, cuando viajaba al interior siguiendo los pasos de la expedición de Hernando de Soto de 1540. Hoy fluyen los ritmos del blues, country, rock y soul desde Knoxville a Memphis, mezclándose con la trompeta de W. C. Handy al llegar a las orillas del río Misisipi. «¡Memphis blues, Memphis blues again, oh Father!».

El Proyecto Manhattan

A treinta kilómetros de Knoxville por la carretera 62 se encuentra Oak Ridge. Se fundó en 1942 como centro de producción de materiales del Proyecto Manhattan. En agosto de 1939 Albert Einstein y Leó Szilárd escribieron al presidente Roosevelt informándole de la posibilidad de construir una bomba atómica a partir de los resultados de la reciente física cuántica. Después de tres años de estudios de viabilidad, en 1942 Leslie Groves ascendió a general de brigada y fue nombrado director del Distrito Manhattan de ingenieros de las Fuerzas Armadas. Él personalmente dirigió el proyecto de construcción de una bomba atómica, al que le puso el nombre clave de «Manhattan». No solo seleccionó al equipo militar, sino también al científico, y se empeñó en incorporar a Oppenheimer a pesar de los informes del FBI que le acusaban de comunista. Mantuvieron una buena relación, de cercanía personal y respeto intelectual, que facilitó la coordinación entre militares y científicos. Todo ello está excelentemente narrado en la película *Oppenheimer,* escrita y dirigida por Christopher Nolan y ganadora del Oscar a Mejor Película en 2023. Groves también fue uno de los máximos responsables de la elección de las localizaciones para la construcción de la bomba. Finalmente se eligieron tres: Los Álamos, en Nuevo México; Hanford Engineering, en el estado de Washington; y Oak Ridge, al este de Tennessee.

En 1944 se construyó en Oak Ridge el edificio cuyo nombre en clave era K-25. Se trataba de una planta de difusión gaseosa para la producción de uranio enriquecido. Con cuatro pisos, mil quinientos metros de largo, más de ciento cincuenta mil metros cuadrados en planta y casi tres millones de metros cúbicos de volumen, era el edificio más grande del mundo. Solo en su construcción participaron más de veinticinco mil trabajadores. El Proyecto Manhattan necesitaba en ese momento ciento cincuenta mil personas. Por obvias razones de seguridad, muy pocas sabían lo que estaban haciendo y lo que ocurría en las instalaciones. De vez en cuando se lanzaban mensajes de origen incierto que decían que se construían nuevos aviones, barcos o submarinos. Pero cada cual hacía su trabajo a ciegas, sin conocimiento de los resultados intermedios ni del objetivo final. La fragmentación de las tareas era determinante para mantener la confidencialidad.

Por supuesto, Groves y Oppenheimer en primer lugar, y también Einstein y Niels Bohr, sabían lo que ocurría y, en mayor o menor medida, participaron en la planificación de todos los detalles, organizando los importantísimos sistemas de formación de expertos de uno u otro nivel sin que los participantes supieran en qué se estaban especializando. Ellos tenían una comprensión exacta de los objetivos, las tareas, los requisitos y las condiciones de todo tipo; ellos y unos pocos más. Los restantes ciento cincuenta mil simplemente hacían lo que se les pedía siguiendo mecánicamente las instrucciones que llegaban, sin comprender nada del trabajo desarrollado, en un claro ejemplo de lo que hemos llamado en el capítulo 6 *competencia sin comprensión*. Hacían su trabajo, en muchos casos de altísima especialización teórica y técnica, sin saber *por qué* ni *para qué;* simplemente sabían *cómo.* Trabajaban a ciegas, guiados nada más que por una serie de indicaciones y disposiciones técnicas, cada uno atendiendo a las suyas. Y, sin embargo, todos sabemos qué resultó al ensamblar el trabajo ciego de cada una de las ciento cincuenta mil personas: la primera bomba se lanzó sobre Hiroshima a las 8:15 de la mañana del 6 de agosto de 1945. Cuatro toneladas y media de uranio detonaron con una potencia de dieciséis kilotones de TNT, acabando en un instante con la vida de setenta mil personas. Las reacciones en las instalaciones del Proyecto Manhattan eran de incredulidad: ninguna de las ciento cincuenta mil personas involucradas imaginó que lo que estaban construyendo era ¡la bomba del fin del mundo!

LAS AVENTURAS DE LA ABEJA MAYA

El ejemplo del Proyecto Manhattan permite entender una idea básica que defendía Turing y que está en el origen del desarrollo de la inteligencia artificial. La idea es que tareas muy simples repetidas mecánicamente muchas veces —como las realizadas por esos ciento cincuenta mil empleados— producen determinados resultados, y todos esos resultados ensamblados unos con otros producen algo muchísimo mayor —como fue la bomba atómica— capaz de generar nuevos y asombrosos efectos y consecuencias. Así funcionan las cosas en todos los rincones y en todos los niveles de la naturaleza. Fenómenos que hasta hace muy poco nos parecían incomprensibles, a los que atribuíamos por ello una enorme complejidad, han resultado ser, en el fondo, consecuencias de procesos extremadamente simples repetidos una y otra vez de forma extenuante. Lo que estamos comenzando a descubrir, con enorme sorpresa por parte de científicos y estudiosos, es que la naturaleza obedece a procesos mecánicos muy sencillos pero muy repetitivos. Decía Kant que se emocionaba al ver el funcionamiento del mundo, la complejidad de sus leyes y el perfecto ordenamiento de sus partes. Pero Kant no sabía que los procesos naturales que operan en el fondo son elementales, y que si hay algo emocionante no es más que su brutal repetición. Como explicaba en el capítulo 4, procesos mecánicos reiterados, que son, en definitiva, algoritmos recursivos, originan un tornado, copos de nieve, las olas del mar, las líneas de costa, las hojas de los árboles, un corazón, un pulmón, etc. La idea de Turing es que los mismos algoritmos recursivos están en el origen del cerebro y del sistema nervioso de los humanos, y la recursión continúa hasta que surgen fenómenos como el pensamiento, los sentimientos, la conciencia o la autoconciencia. Por consiguiente, si pudiéramos simularlos en máquinas capaces de procesarlos con la suficiente velocidad y capacidad de almacenamiento, las máquinas acabarían teniendo fenómenos mentales similares a los nuestros.

Pongamos un ejemplo, recientemente estudiado, de cómo se forma un panal de abejas a partir de simples procesos mecánicos

recursivos. Los *boomers* recordamos con cariño la serie anima-
da *Las aventuras de la abeja Maya,* producida para la televisión
japonesa en 1975. Maya es una inquieta abeja obrera que pasa
su vida buscando polen para su colmena en compañía de su
inseparable amigo Willy, que es un zángano. Las obreras son
abejas hembra infértiles. A lo largo de su vida realizan distintas
tareas dependiendo de su edad: limpian los panales, producen
jalea real, intervienen en la construcción del panal, almacenan
alimento, vigilan para que no ingresen en la colmena otras abejas
o avispas, y generan corrientes de aire para deshidratar el néctar.
Y todo ello hasta los veintiún días, porque después salen de la
colmena y se dedican a recolectar néctar, polen y agua.

Fijémonos en los panales de las abejas sin aguijón australianas
(Tetragonula carbonaria). Sus celdas tienen, como ocurre en todos
los panales, forma hexagonal. Inmediatamente nos surge la pregunta: ¿por qué las celdas de los panales tienen esta forma? Por
supuesto, hay una respuesta científica, que en este caso tiene dos
partes. Primera: contando con todos los polígonos regulares, el
plano solo se puede teselar (recubrirlo sin que haya agujeros) con
triángulos, cuadrados y hexágonos. Segunda: si queremos hacer
celdas que tengan una superficie de, por ejemplo y para simplificar, un centímetro cuadrado, con celdas triangulares necesitaremos un perímetro de cera de 4,56 centímetros por celda, con
celdas cuadradas necesitaremos cuatro centímetros, y con celdas
hexagonales necesitaremos 3,72 centímetros. Por tanto, para teselar el plano con la mínima cantidad de cera necesitamos celdas
hexagonales. A la pregunta de por qué las abejas construyen sus
panales con celdas hexagonales, la matemática responde que esta
es la manera de teselar el plano con la menor cantidad de cera y,
por tanto, con el mínimo esfuerzo.

Esta respuesta me recuerda una escena de la película *Annie
Hall,* dirigida por Woody Allen y estrenada en 1977. Alvy Sin-

ger, personaje protagonista interpretado por Woody Allen, está esperando en la cola del cine. Cansado de que el tipo de atrás diga estupideces sobre la obra del filósofo canadiense Marshall McLuhan, se dirige a la cámara preguntando qué hay que hacer cuando estás atrapado en una cola con un tipo como ese, que no sabe nada ni de McLuhan ni de su obra. El tipo se da cuenta del comentario y responde airadamente que en la Universidad de Columbia imparte un curso sobre medios televisivos en el que explica a McLuhan. El protagonista exclama: «¡Es gracioso, porque resulta que el señor McLuhan está aquí en este preciso momento!». Agarrándolo del brazo lo pone en medio de la escena y le pide que diga abiertamente si lo que está afirmando el tipo sobre su obra es correcto o no. McLuhan responde que lo ha oído todo, que ese tipo no sabe nada de su obra y que no debiera dar clases de algo que no entiende. Finamente, Woody Allen mira a la cámara y exclama: «¡Amigos, si la vida fuese así...!».

Si la vida fuese así, los científicos no inventarían explicaciones matemáticas para entender por qué las abejas construyen celdas hexagonales, sino que le preguntarían directamente a las abejas. Cosa que no es posible, al menos por el momento. Pero lo que sí es posible es adoptar una perspectiva más naturalista que ofrezca una explicación menos *transcendente* del asunto. Lo que quiero decir es lo siguiente. Si la explicación es que las abejas construyen las celdas atendiendo a una razón geométrica, esta pregunta es inevitable: ¿es que las abejas saben geometría? Y si no saben geometría, ¿qué es lo que hace que construyan siguiendo patrones geométricos? La respuesta que nos ha ofrecido nuestra cultura es que todo lo que ocurre en la naturaleza responde a leyes matemáticas. Desde el siglo XVII, gente como Copérnico, Kepler, Descartes o Newton nos han convencido de que todos los procesos naturales obedecen a leyes matemáticas que Dios ha creado y que los humanos podemos descubrir. De tal manera que las piedras caen respetando las leyes de la cinemática descubiertas por Galileo, los planetas se mueven respetando la ley de gravitación universal descubierta por Newton, y las abejas hacen celdas hexagonales respetando leyes geométricas descubiertas por la moderna biología. Ni las piedras, ni los planetas, ni las abejas saben que están obedeciendo leyes matemáticas, sino que simplemente actúan. Pero lo hacen sin salirse del camino que las leyes marcan. Digo que esta explicación es *transcendente* porque hace depender los procesos naturales de razones o causas puestas en la naturaleza por un agente externo, que habitualmente es Dios. Por el contrario, mi propuesta, que es también la de Turing, es que abandonemos las explicaciones transcendentes y las sustituyamos por otras que expliquen lo que pasa en la naturaleza desde ella misma, sin recurrir a instancias externas y misteriosas.

Mi propuesta es que tomemos el desarrollo del Proyecto Manhattan como ejemplo y pensemos que procedimientos mecánicos muy concretos y sencillos repetidos hasta la saciedad hacen que surjan nuevos niveles de complejidad, en los que se siguen repitiendo los mismos procesos, que generan nuevos niveles de complejidad. Recordemos que esto es lo que ocurre con la curva de Koch, la cual permite explicar, tal y como vimos en el capítulo 4, la formación de cristales y copos de nieve. De la misma manera podríamos explicar la formación de las celdas de los panales: no es que haya en la naturaleza unas leyes matemáticas que dirigen los procesos desde arriba, como si todo tuviese que responder a las leyes impuestas por un gran dictador, sino que comportamientos concretos, simples y mecánicos de las abejas respondiendo a determinadas condiciones físicas, como, por ejemplo, las de temperatura, humedad o ventilación, tienen consecuencias en el entorno, y esos mismos comportamientos repetidos una y otra vez por las sesenta mil abejas de un panal acaban transformando el entorno de tal manera que finalmente nos encontramos con celdas hexagonales. No hay nada transcendente en ello; solo se trata del producto de los comportamientos reiterados de miles de abejas. Si, siguiendo el ejemplo de Woody Allen, preguntásemos a las abejas por las razones de lo que hacen en vez de preguntar a los matemáticos, las abejas nos dirían que los matemáticos no tienen la menor idea de su vida y comportamientos.

Quiero seguir un poco más con esta línea argumentativa y para ello me voy a fijar en algo muy característico de los panales que construyen las abejas sin aguijón australianas. En la mayoría de los casos forman círculos concéntricos (figura 2a), o espirales (figura 2b), o dobles espirales (figura 2c), y algunas veces se presentan con una formación de terrazas desordenadas (figura 2d). El equipo internacional de científicos liderado por el Instituto Andaluz de Ciencias de la Tierra (IACT) publicó en el volumen 17 del *Journal of the Royal Society Interface,* en julio de 2020, un estudio titulado «The Bee *Tetragonula* Builds Its Comb like a Cristal», que muestra que la construcción de los panales sigue un modelo matemático similar al que sigue el crecimiento de los cristales. Se trata de un modelo matemático mínimo que se aplica a lo que se denomina *medio excitable,* es decir, a un sistema de comportamiento complejo impulsado por un mecanismo de retroalimentación entre los constituyentes del sistema. Digámoslo de otra manera: resulta que una expresión matemática sencilla que, básicamente, contiene dos variables (R, que representa el radio de un núcleo de celdas vecinas, y α, que representa la pendiente del crecimiento del panal) y una reiteración continua, que genera el proceso de crecimiento del panal, da cuenta de la formación de estas llamativas estructuras. Entonces, ¿por qué las abejas sin aguijón australianas construyen los panales con estas formas tan características? Ahora sabemos que esta es una mala pregunta; lo que debiéramos preguntar no es por qué, sino cómo: ¿cómo se forman esos panales? Lo que el estudio revela es que las abejas actúan de una manera muy simple, que sus comportamientos obedecen a condiciones locales muy concretas, básicamente de humedad y ventilación. Atendiendo a esas condiciones del entorno que las abejas pueden detectar, desarrollan reiteradamente unos comportamientos, los cuales producen cambios en las condiciones del entorno (en la temperatura, humedad, ventilación, etc.), que al ser detectadas provocan determinados comportamientos, que producen nuevos cambios en las condiciones del entorno, etc. El resultado de los reiterados comportamientos y las continuas transformaciones del entorno realizadas por sesenta mil abejas son estos espectaculares panales.

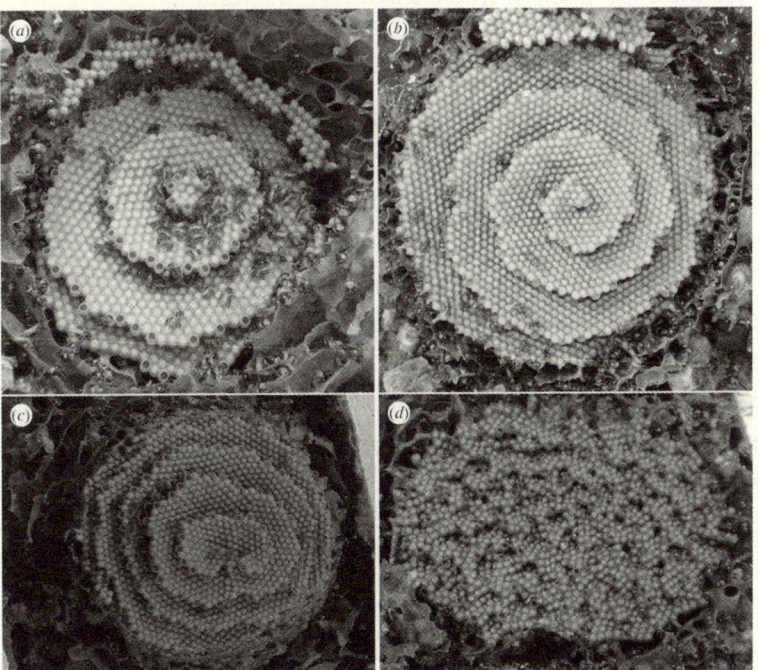

Figura 2. Panales de abejas *Tetragonula carbonaria* mostrando:
(a) círculos concéntricos, (b) espiral,
(c) espiral doble y (d) terrazas desordenadas / IACT.

Todo es fruto de la casualidad

La lección que hay que extraer de estos estudios es que la naturaleza es ciega y actúa reaccionando repetidamente de la misma manera a las condiciones cambiantes del entorno. El comportamiento de los organismos y los seres naturales no está guiado desde arriba, como si hubiera unas leyes que lo orientan y dirigen, sino que resulta de la reacción a los empujones que le llegan desde abajo, de condiciones físicas y químicas muy concretas. Ante cada reacción se produce un resultado que cambia las condiciones del entorno, y las nuevas condiciones vuelven a incidir sobre los organismos, que de nuevo reaccionan.

Cuando los humanos vemos los resultados nos quedamos sorprendidos. Nos encontramos con los panales que hacen las abejas, con los castillos que hacen las termitas australianas —sorprendentemente similares a la Sagrada Familia de Gaudí—, presenciamos el desarrollo de los cristales, del sistema circulatorio y tantos otros fenómenos naturales, y sentimos, como dice Kant en la *Crítica de la razón práctica,* «una admiración y una veneración siempre renovadas y crecientes». Estas palabras aparecen en el epitafio de su tumba y expresan la profunda conmoción que sentía al ver el orden de la naturaleza. Si lo pensamos un poco, es fácil entender que surja este sentimiento al observar que la naturaleza no es caótica, no cambia descontroladamente, sino que siempre se comporta —o casi siempre— de la misma manera. Todos los días sale el sol, las piedras caen, se suceden las estaciones, los planetas giran en sus órbitas, reacciona el hidrógeno con el oxígeno y surge agua, los gases se expanden, la luz se refleja en los espejos, los imanes atraen las limaduras de hierro, etc. Tan acostumbrados estamos a ver estas cosas que ni pensamos en ellas. Pero si damos un paso atrás y miramos lo que sucede a nuestro alrededor como si fuésemos turistas extraterrestres en su primer viaje a la Tierra, hay que reconocer que resulta sorprendente la regularidad con la que se producen los fenómenos naturales.

Kant se preguntaba si un ordenamiento tan maravilloso podría haber surgido casualmente de la propia materia o si sería obra de Dios. Es difícil creer que haya surgido de la mera casualidad. Es como si al tirar un dado siempre sacásemos tres y dijésemos ¡qué casualidad, siempre sacamos el mismo número! No diríamos eso; lo que diríamos es que el dado está trucado y buscaríamos la causa que hace que siempre salga tres. La causa podría ser que alguien ha puesto una carga en la cara del tres, o que el dado está imantado y alguien ha puesto un imán debajo de la mesa, o cualquier otra que podamos imaginar. Y lo mismo decimos cuando tratamos con la naturaleza: no puede ser casual que todos los días amanezca, el transcurso de las estaciones, la caída de las piedras, etc. No puede ser casual que siempre pase lo mismo. Y entonces pensamos que alguien ha puesto en ella unas leyes o una estructura, que alguien la ha organizado. Y como la naturaleza es muy grande para las dimensiones humanas, llegamos a la conclusión de que ese alguien es Dios. Esta es la razón por la que los creyentes están convencidos de que el orden que observamos en la naturaleza es la mejor prueba de la existencia de Dios.

Pero Kant fue mucho más retorcido. No dijo que el ordenamiento de la naturaleza fuese producto de la casualidad y tampoco dijo que fuese obra de Dios. Trató de explicarlo a partir de las formas que la mente humana proyecta, como si el orden que reconocemos en las cosas fuera el resultado de la organización del mundo que hace nuestra propia conciencia. En definitiva, según Kant podemos prescindir de Dios si entendemos que los humanos, por el hecho de serlo, tenemos una mente, un espíritu o una conciencia capaz de generar orden en lo que observa. Así, siempre que observamos la naturaleza se nos aparece ordenada de la misma manera.

En resumen, tenemos tres opciones: o el orden de la naturaleza lo crea la propia materia, o lo crea Dios, o lo creamos los humanos sin darnos cuenta de que lo hacemos. Los creyentes piensan que lo crea Dios; Kant piensa que lo crea la conciencia humana. Tanto la explicación de los creyentes como la de Kant recurren a algo externo a la materia, ya sea Dios o la conciencia humana. Turing piensa que lo crea la propia materia de la que está hecho el universo, mediante algoritmos recursivos. Yo pienso como Turing.

Pero en esta historia hay que contar con un nuevo personaje: se trata de Darwin. También intenta explicar lo que ocurre en la naturaleza sin salir de ella. Lo hace a partir de la evolución y la selección natural, afirmando que estos dos procesos hacen que los seres naturales sean el resultado de un diseño optimizado para resolver, de la manera más eficiente y eficaz, los problemas que se encuentran en el entorno. La naturaleza y la evolución estarían comprometidas con la *optimización* de recursos, procesos y resultados, haciendo posible una *adaptación* de los seres naturales al medio en el que se encuentran. Mirando el asunto desde la física, se podría decir incluso que los seres naturales buscan persistir en su entorno con el máximo ahorro energético, eliminando lo no funcional y estabilizando o modificando convenientemente todo lo que resulte funcional.

Hay muchas lecturas de la teoría de la evolución de Darwin y no es mi objetivo analizarlas. Pero sí quiero decir que, aunque las explicaciones de este tipo presumen de no recurrir a instancias externas para explicar lo que ocurre en la naturaleza, en el fondo sí lo hacen. Porque si decimos que la naturaleza está «comprometida con condiciones de optimización», surgen las preguntas: ¿por qué está comprometida con estas condiciones?, ¿quién las ha puesto? Y si decimos que la naturaleza «busca persistir con el máximo ahorro energético», podemos preguntar: ¿por qué lo busca?, ¿y por qué la naturaleza tiene que ser «ahorradora» de energía en vez de ser «derrochadora» de energía? En definitiva, lo que quiero decir es que si rechazamos las explicaciones *transcendentes* de los fenómenos naturales, como son las que recurren a Dios y la kantiana, porque se refieren a causas misteriosas, tampoco me parecen buenas las explicaciones dependientes de la teoría de la evolución de Darwin, porque en el fondo también recurren a causas misteriosas. Frente a unas y otras, la explicación de Turing me parece la mejor.

Siempre he pensado que los textos de Turing son mucho más profundos e inteligentes de lo que parecen a simple vista. Y también extremadamente corrosivos y críticos con la tradición cultural y filosófica de Europa. No habla de la existencia de condiciones de optimización ni de ahorro energético en la naturaleza, sino de la existencia de meros procedimientos mecánicos o algoritmos, simples y repetitivos, capaces de generar o hacer emerger nuevos productos y resultados en sucesivos niveles de creciente complejidad. Esos algoritmos operan en un nivel biológico, pero lo interesante es que el nivel biológico es el resultado de algoritmos que operan con anterioridad en un nivel inferior, que es el de la química, en el que encontramos los elementos, compuestos, reacciones y sustancias. Y el nivel de la química es el resultado de algoritmos que operan en un nivel inferior, que es el de la física, en el que encontramos estructuras espacio-temporales, átomos y partículas subatómicas. Y el nivel de la física es el resultado de algoritmos que operan en niveles inferiores de la materia, en el seno de estructuras que ni siquiera en la actualidad somos capaces de comprender.

Finalmente llegamos a la pregunta de todas las preguntas: ¿cómo han surgido los primeros algoritmos, a partir de los cuales emerge todo lo demás? La respuesta que da Turing es: no hay ni cómo ni por qué, simplemente están ahí. Y están ahí porque están ahí, porque son los que se han mantenido y los que han llegado hasta nuestros días. Quizá hubo otros en otro tiempo y dejaron de existir; quizá haya otros en el futuro y estos que hay ahora, los que han construido el universo tal y como lo conocemos, dejen de operar; quizá los mismos algoritmos que hay ahora han operado desde siempre y operen para siempre; o quizá nuestro universo no sea más que un universo entre una infinitud de universos en los que operan otros algoritmos distintos, o en los que no opera ninguno. Da igual. El caso es que estas especulaciones sirven para entender que el universo ordenado y algorítmico que tenemos es así porque es así; en definitiva, esto es lo que hay, y lo que hay es sencillamente un resultado casual ocurrido en la materia. Estamos acostumbrados a vivir en él y desde nuestra existencia de abeja pensamos que las cosas siempre han sido así y que ello no puede ser casual, que no puede ser que los mismos fenómenos se repitan una y otra vez, durante miles de años y cientos de generaciones, sin que haya una causa, una ley, una estructura, un orden responsable de esa repetición. Pero, ¿por qué no? Quizá miles de años y cientos de generaciones sean muchísimo en nuestra existencia de abeja, pero, ¿qué es eso en la temporalidad de un universo brutal, en el que todo lo que hay puede dejar de ser, o ser de otra manera, o seguir siendo igual para siempre, o ser una insignificancia dentro de una infinidad de universos que se despliegan en una infinidad de temporalidades? Solo cuando entendemos que somos infinitamente menos que nada podemos comprender lo que Wittgenstein nos quiso decir en 1918, hace un siglo, con ese mensaje en una botella lanzado desde la prisión militar italiana en la que se encontraba: «No sabemos si el Sol saldrá mañana».

No hay leyes de la naturaleza; tan solo hábitos temporales de la naturaleza. La ilusión de muchos científicos naturales, biólogos y ecólogos darwinistas es explicar el mundo a través de leyes inmutables y eternas. Pero todo es fruto de la casualidad. Las leyes forman parte de un territorio, de un aquí y un ahora de millones de años que suponen menos que un instante en la brutal historia de los universos que han sido, que son y que serán.

La naturaleza es ciega

Ahora podemos entender mejor que las abejas sin aguijón australianas construyan sus panales sin un plan previo y sin una coordinación global. No es necesario suponer que las obreras responden a un plan divino, o a una inteligencia superior, o a unas leyes de evolución y selección natural que resultan las más eficientes y permiten el mayor ahorro energético. Ni siquiera es necesario suponer, como se dice otras veces, algún tipo de comunicación entre ellas a través de, por ejemplo, olores o sustancias químicas. Turing nos enseña que todos los fenómenos de la naturaleza son mucho más sencillos, porque dependen de procesos mecánicos y repetitivos que son completamente ciegos, es decir, que no responden a ningún fin ni a ninguna razón predeterminada. Lo único que hay en todos los niveles de la naturaleza, desde el mundo subatómico hasta esos organismos humanos que han desarrollado pensamiento, conciencia y sentimientos, es *acción ciega*. En el caso de las abejas se ve muy bien: un pequeño conjunto de reglas de comportamiento que atienden solo a dos variables, R y α, aplicadas en el entorno inmediato en el que se desarrolla la vida de las abejas, es suficiente para dar cuenta de la estructura de los panales. El patrón general surge como una emergencia a partir de la aplicación reiterada de acciones estrictamente locales, que son la respuesta orgánica a determinadas condiciones de presión, humedad, ventilación, alimento, etc. Acciones simples, concretas y discretas, en un particular entorno, acciones ciegas, en la medida en que no están dirigidas por leyes ni fines, repetidas una y otra vez por todas las obreras del panal, acciones sencillas acumuladas, generan las llamativas estructuras geométricas que observamos.

Un razonamiento similar permite dar cuenta de la formación de celdas hexagonales en el panal. No es necesario suponer que la naturaleza busca maximizar la ocupación de espacio con la mínima cantidad de cera y por eso recurre al hexágono. Basta con entender que una acción local muy concreta, como es la de construir siempre una nueva celda tocando otras dos, repetida muchas veces por todas las abejas, permite explicar la formación de estructuras que contienen celdas hexagonales.

No hay nada mágico en el surgimiento de las celdas o la estructura de los panales: resulta que un procedimiento mecánico y reiterado da lugar a algo completamente nuevo. Comportamientos similares, que se pueden describir matemática y algorítmicamente en el marco de los llamados *sistemas excitables,* se pueden observar en la formación de cristales, mohos, en osciladores químicos, en los incendios forestales, en el corazón o en el cerebro. Desde este punto de vista, la conciencia o los estados mentales pueden ser considerados emergencias producidas por actividades biológicas mecánicas y repetitivas, que a su vez resultan emergencias de actividades físicas y químicas.

La propuesta que hace Turing a partir de 1950 es que, en la medida en que el comportamiento biológico pueda ser reducido a algoritmos recursivos, podrá ser implementado en una máquina computadora y generar, sobre un *hardware* de válvulas, transistores, microchips, engranajes mecánicos o molinillos de viento, las mismas emergencias que se producen sobre nuestra base biológica. Emergencias cerebrales y del sistema nervioso son los estados mentales, la conciencia, el yo o la identidad personal. La mente no es una sustancia especial ni es una chispa mágica. Tampoco lo es nuestra base biológica. Solo son productos biológicos de la acción ciega que opera en todos los niveles de la naturaleza.

Los cientos de trabajadores que producían uranio enriquecido en Oak Ridge o los ciento cincuenta mil que trabajaron en el Proyecto Manhattan, durante más de tres años desarrollaron actividades extremadamente complejas sin saber por qué ni para qué. Como las abejas, las moscas, las amebas, las reacciones de oxidación y reducción o los movimientos de los electrones en el átomo, estaban respondiendo a las condiciones de una *situación*. Muchísimo más compleja en el caso de los humanos, porque está constituida no solo por factores físicos, químicos o biológicos, sino también por factores psicológicos, sociales, económicos, culturales y, especialmente, por el lenguaje.

9. Qué será de nosotros

Las imágenes de resonancias magnéticas y tomografías computarizadas requieren de un especialista que las interprete; los ojos inexpertos son incapaces de ver algo relevante. En cambio, las imágenes de una tomografía por emisión de positrones son más fáciles de leer. A los pacientes se les inyecta un marcador radiactivo, que suele ser glucosa con una pequeña cantidad de radioisótopo. Puesto que las células cancerígenas realizan una mayor absorción de azúcar, los radioisótopos se agrupan alrededor de los tumores cancerosos. En las imágenes, las agrupaciones de radioisótopos aparecen en rojo brillante. Cuenta Kai-Fu Lee que, tras insistir al técnico para que le dejara ver la imagen que la resonancia magnética había tomado, un frío punzante se apoderó de su pecho al ver que el escáner negro de su cuerpo estaba salpicado de manchas rojas que se distribuían por la zona del abdomen.

El médico clasificó el linfoma en estadio IV, el más avanzado, con una tasa de supervivencia a los cinco años del cincuenta por ciento. El estadio se asigna en función de unas cuantas característisticas: ¿ha afectado el cáncer a más de un ganglio linfático?, ¿están los ganglios linfáticos cancerosos por encima y por debajo del diafragma?, ¿hay cáncer en otros órganos fuera del sistema linfático o en la médula ósea del paciente? Por lo general, cada respuesta afirmativa a estas preguntas proporciona un diagnóstico que se corresponde con un estadio superior. La limitada capacidad de la inteligencia humana para manejar variables y establecer relaciones entre ellas hace que los médicos consideren muy pocas características fuertes. Y son esas las que se enseñan en las facultades de medicina y se transmiten a las siguientes generaciones. Ocurre lo mismo cuando solicitamos un préstamo bancario: nos piden la edad, los ingresos, el valor de nuestra vivienda habitual y se informan sobre nuestra calificación crediticia, ignorando todo lo demás.

Estas características fuertes nos aportan un cierto conocimiento de la frecuencia con que una determinada población supera un cáncer o paga una deuda bancaria, pero no nos dicen nada del caso concreto. Como cualquier persona, Kai-Fu Lee quería saber más de lo suyo. Buscando desesperadamente encontró un estudio de investigadores de la Universidad de Módena y Reggio Emilia en Italia, que analizaba quince variables diferentes. Algunas coincidían con medidas tradicionales, como la afectación de la médula ósea, pero otras eran nuevas, como la existencia de tumores de más de seis centímetros de diámetro, niveles de hemoglobina por debajo de doce gramos por decilitro, o si la edad del paciente es de más de sesenta años. De los montones de informes médicos que guardaba sacó la información requerida por el nuevo estudio. «Mis ojos escaneaban frenéticamente la página, revisando los gráficos y trazando líneas entre mis factores de riesgo y la tasa de supervivencia», cuenta Kai-Fu Lee; de las cinco características más fuertes relacionadas con la muerte prematura, parecía tener solo una. Y finalmente ahí estaba el resultado, entre datos, correlaciones y gráficas: la tasa de supervivencia a cinco años que el hospital le había dado era menor del cincuenta por ciento, pero el artículo de investigación que había descubierto la elevaba al ochenta y nueve por ciento. Volvió a repasar los cálculos y los números coincidían. A finales de la semana visitó al mayor experto en linfomas de Taiwán, quien le confirmó el estudio y los cálculos. La enfermedad era altamente tratable. «Sentía que me alejaba del abismo y renacía».

CIENCIA SIN CONCIENCIA

La revolución de la inteligencia artificial siempre ha estado a treinta años de distancia. Hasta 2008, cuando Chris Anderson, antiguo editor jefe de la revista *Wired,* sentenció: «La disponibilidad de grandes cantidades de datos, junto con las herramientas estadísticas para procesarlos, nos ofrece una nueva manera de entender el mundo. La correlación reemplaza a la causalidad, y la ciencia puede avanzar incluso sin modelos coherentes, teorías unificadas o explicaciones mecanicistas de ninguna clase».

En los años cincuenta los pioneros de la inteligencia artificial tenían claro que debían conseguir implementar en una máquina las reglas del pensamiento humano. Es lo que Turing había imaginado y lo que él mismo comenzó a hacer. Lo cual exige, en primer lugar, saber cuáles son esas reglas. Por eso era frecuente ver amplios grupos de investigación en los que trabajaban matemáticos, físicos, informáticos, ingenieros, y también lógicos, filósofos y psicólogos. Marvin Minsky fue uno de los investigadores más relevantes que se sintió atraído por este proyecto. Sus amplios conocimientos en varias disciplinas le permitieron impulsar la geometría computacional, la semántica computacional y el desarrollo de las redes neuronales en las que el propio Turing había comenzado a trabajar poco antes de su muerte. La otra gran referencia en esos años fue John McCarthy, al que se le atribuye la acuñación del término «inteligencia artificial» en la Conferencia de Dartmouth de 1956. Un año después fundó, junto a Minsky, el Laboratorio de Inteligencia Artificial del MIT, y en 1963, el de la Universidad de Standford. Ambos centros se convirtieron en esos años en las referencias del *enfoque basado en reglas.*

Precisamente fue en la Universidad de Stanford donde todo cambió en 1995. Allí se conocieron Larry Page y Sergey Brin mientras cursaban un programa de doctorado en Informática. En ese momento iniciaron el desarrollo de BackRub, un sistema innovador para organizar los resultados de los motores de búsqueda. En agosto de 1996 lanzaron Google en una página web que era propiedad de la universidad: google.stanford.edu. A finales de año se registró el dominio google.com, lo cual supuso el comienzo de la creciente explosión en cadena que llega imparable hasta nuestros días. Los empresarios y los fondos de inversión comenzaron a mostrar interés por Google, de tal manera que en 1998, con más de sesenta millones de páginas pero todavía en pruebas, se había convertido en un competidor para Yahoo! o MSN. Su despegue fue fulminante: en 2000 se introducen Google AdWords y Google Images; en 2001 se incorpora Gmail; en 2005 aparece Google Maps y se desarrolla un sistema operativo propio para móviles; en 2006 compra YouTube; en 2020 se crea Google Workspace. Lo siguiente que habría que decir es que Google inicia el desarrollo de los sistemas de inteligencia LaMDA y PaLM para mejorar su buscador, y que en

2023 presentó el producto de la fase final, llamado DeepMind. Pero contar así la historia de Google es un error. Google no desarrolla la inteligencia artificial para mejorar su buscador, sino que hizo un buscador para desarrollar la inteligencia artificial. Aunque el buscador ha generado enormes beneficios económicos, lo que Larry Page y Sergey Brin siempre quisieron hacer desde aquel lejano 1995 fue una inteligencia artificial mediante un nuevo enfoque que no estaba basado en reglas, sino en datos y potencia de cálculo.

Turing lo sabía: Coloso no era suficiente; necesitaba máquinas que fueran muchísimo más veloces y que tuvieran una capacidad de procesamiento y almacenamiento muchísimo mayor. Eso no existía en 1950. Y todavía necesitaba algo más: una inmensa cantidad de datos para entrenar al programa a reconocer y corregir patrones. De eso tampoco había en 1950. Pero hoy todo ha cambiado. En el móvil que tenemos en nuestro bolsillo hay millones de veces más capacidad de procesamiento que en los ordenadores que utilizó la NASA en 1969 para llevar a Neil Armstrong a la luna. Y TikTok, YouTube, Amazon, Aliexpress, X, Google, etc. contienen millones de millones de datos digitales que se multiplican en cada fracción de segundo. A un coste cada vez más bajo, cualquier aficionado a la informática en cualquier parte del mundo dispone de máquinas y datos para crear redes neuronales aceleradas.

En el enfoque basado en reglas, son las reglas del tipo «si-entonces» las que hacen que el programa tome una decisión. Por ejemplo, «*si* hay dos triángulos sobre un círculo, *entonces* es probable que la imagen sea de un gato». Pero en el enfoque basado en datos simplemente se introduce una enorme cantidad de ejemplos de algo —muchísimas imágenes etiquetadas como «gato»— y dejamos que la máquina identifique patrones. Esto es lo que se llama *aprendizaje profundo*. Los algoritmos utilizan cantidades masivas de datos correspondientes a un campo concreto y son capaces de optimizar, atendiendo a cálculos de probabilidades, un resultado. Estos algoritmos se corrigen a sí mismos para detectar regularidades que están enterradas en una brutal cantidad de datos relativos a un determinado campo de estudio. Por ejemplo, como en el caso de Kai-Fu Lee, las máquinas procesan millones de datos relativos a enfermedades, imposibles de manejar por el conocimiento humano. Podemos pensar en otros campos de investigación en los que la inteligencia artificial está sacando a la luz regularidades que, de otra manera, no llegaríamos a conocer nunca: la meteorología, la astronomía, la física de partículas, y también en estudios sobre el crecimiento de las ciudades o la evolución del tráfico. La naturaleza y los humanos actuamos siguiendo regularidades y patrones que se pueden detectar cuando se analizan nuestros comportamientos. La inteligencia artificial dotada de inmensas cantidades de datos es capaz de realizar esos análisis y sacar a la luz esos patrones.

Hemos pasado de la era del conocimiento especializado y la ciencia a la era de los datos. Si hasta ahora lo que requeríamos para tomar decisiones en un determinado ámbito era un especialista, con conocimientos adquiridos tras muchos años de estudio y experiencia —sin olvidar la inversión económica que todo ello conlleva—, con la inteligencia artificial necesitamos un ingente volumen de datos, máquinas con la suficiente potencia de procesamiento y algoritmos capaces de aprender. La cantidad de datos se vuelve decisiva, incluso más que disponer de los mejores ingenieros para diseñar los mejores algoritmos. Por ello, el desarrollo de la inteligencia artificial ha dejado de ser exclusivo de las grandes universidades o centros de investigación de Estados Unidos. Ahora, en cualquier parte de China o la India un puñado de ingenieros de nivel medio con una amplia disponibilidad de datos es capaz de obtener desarrollos que no se podrían lograr en otras partes del mundo, aun contando con los mejores científicos. China no tiene a la élite global de la investigación, que está perfectamente acomodada en Silicon Valley y algunos centros de Europa. Pero la actividad de mil quinientos millones de chinos en una sociedad cada vez más tecnologizada, conectados a la red mediante sus ordenadores, teléfonos móviles, televisores, relojes, pulseras y anillos inteligentes, etc., genera en cada segundo una abundancia de datos tan brutal, que convenientemente procesados generarán transformaciones que hoy apenas somos capaces de imaginar.

Upgrade 1

TikTok es un buen ejemplo de lo que es capaz de hacer la inteligencia artificial en su nivel más bajo. TikTok es la red social del momento y la preferida por la generación Z. Su creador, Zhang Yiming, nació en 1983 en Longyan y estudió Microelectrónica e Ingeniería de Software en la Universidad de Nankai. Lanzó TikTok en 2016, y dos años más tarde tenía ochocientos millones de usuarios en todo el mundo. Desde 2020 ha crecido de forma exponencial y hoy tiene mil trescientos millones de usuarios, tres mil quinientos millones de descargas y sube más de once millones de vídeos al día. Ninguna *app* había tenido un crecimiento tan grande en diez años, ni siquiera Facebook, que mantenía todos los récords hasta el momento.

TikTok no incorpora el último desarrollo en inteligencia artificial, sino que es la mejor expresión del uso de algoritmos como motores de recomendación. Las preferencias que selecciona el usuario al bajarse la *app* operan como etiquetado que utiliza el algoritmo para seleccionar los datos y ofrecer los primeros vídeos. A partir de aquí, se optimizan las recomendaciones con nuevas etiquetas que provienen del «tiempo de visionado», «visto hasta el final o cambio de vídeo», «comprado o no comprado», y de otras recogidas de los datos digitales provenientes de diversas compañías de internet. Este es el método que utilizó Cambridge Analytica para dirigirse a los votantes estadounidenses en las elecciones presidenciales de 2016, en las que ganó el candidato del Partido Republicano Donald Trump. En la medida en que mejoran las recomendaciones, el usuario experimenta una creciente adicción a la aplicación. Se puede decir que, de alguna manera, el algoritmo nos conoce mejor que nosotros mismos, debido a que tiene a su alcance una gran cantidad de datos sobre lo que hacemos, vemos, decimos, oímos, leemos, buscamos, compartimos, compramos, etc., en cada momento del día todos los días de nuestra vida.

Plataformas como Amazon y Alibaba utilizan inteligencia artificial para ofrecer recomendaciones personalizadas a los clientes basándose en sus búsquedas, compras anteriores y preferencias. Esto no solo mejora la experiencia del usuario, sino que también aumenta las ventas para las empresas. Además, sus asistentes de compras permiten a los usuarios encontrar productos más rápidamente o descubrir nuevos productos según sus intereses. Los sistemas ofrecen incluso asesoramiento sobre seguros de protección y financiación.

Upgrade 2

Hay un segundo nivel de inteligencia artificial, en el que se peinan todas las bases de datos disponibles para buscar correlaciones que resultan invisibles a los humanos porque no se establecen en función de características fuertes, que son las que consideramos relevantes, sino en función de características débiles, consideradas irrelevantes e incluso ridículas en la habitual toma de decisiones. Ya hemos comentado el caso del cáncer diagnosticado a Kai-Fu Lee. Un amplio historial médico al que se incorporasen no solo los datos proporcionados por los análisis convencionales y las técnicas de radiodiagnóstico, sino también por dispositivos capaces de hacer un seguimiento continuo durante el día y la noche de todas las variables relacionadas con nuestro estado de salud, permitiría alimentar aplicaciones de diagnóstico que pondrían ante los ojos del médico regularidades que de otra manera no hubiera reconocido.

Así se consigue una medicina personalizada, en la que el aprendizaje profundo es capaz de analizar los datos genéticos, epigenéticos y de salud, y ofrecer resultados específicos a los distintos pacientes. Lo cual permite desarrollar tratamientos adaptados y un seguimiento exhaustivo del paciente en tiempo real para la continua evaluación de su estado y los efectos del tratamiento. De esta manera aumenta la autonomía del paciente y la autogestión eficaz de su salud.

Veamos otro ejemplo: cada vez que entro en la aplicación de mi banco un mensaje me indica que tengo un préstamo preconcedido. No necesito introducir ningún dato. El largo historial de movimientos de mis cuentas y el número de mi teléfono móvil dejan una huella digital que es la que el algoritmo procesa para adjudicarme una cantidad de dinero, un tipo de interés y un plazo de devolución. Pensaremos que el algoritmo tiene acceso a características fuertes, en función de las cuales predice si pagaré el préstamo o no. Pero desde que Smart Finance entró en el mercado de los microcréditos, con sus asombrosos métodos de predicción, todo ha cambiado. Ahora se tienen en cuenta variables que hace unos pocos años hubieran resultado completamente descabelladas, como la velocidad con la que el usuario introduce la fecha de nacimiento o el nivel de batería de su móvil. ¿Qué tiene que ver el nivel de batería con la capacidad de devolver un préstamo? La respuesta es que no tenemos ni la menor idea, porque no conocemos la relación causal que hay entre lo uno y lo otro. Pero es que el conocimiento ya no se genera estableciendo relaciones causales, sino estableciendo correlaciones entre cualesquiera datos, regularidades incognoscibles para la mente humana que la inteligencia artificial es capaz de sacar a la luz, con las que se logran predicciones acertadas.

Upgrade 3

El tercer nivel de inteligencia artificial lo incorpora el coche autónomo que conduzco desde hace unos meses. Para un ordenador o un móvil, una imagen no es más que un montón de píxeles y un sonido no es más que una secuencia de unos y ceros. Sean lo que sean, el caso es que delante de un semáforo en rojo mi coche, sorprendentemente, se para. Si la luz cambia a verde, el coche se pone en marcha sin violencia, respetando mi confort, mis prisas, y la distancia con los coches de delante y de detrás. Y si le digo que ponga la última canción de Bad Bunny, no aparece cualquier sonido, sino precisamente la última canción de Bad Bunny. Es impresionante comprobar cómo los píxeles, los unos y los ceros, no se amontonan de cualquier manera, sino de la manera apropiada para dotar al mundo que nos rodea del mismo sentido que tiene para los humanos. Si pasa un balón dando botes por delante, el coche se para y espera que pase el niño; si se aproxima una curva, reduce la velocidad; si entra en una rotonda, cede el paso y continúa su camino cuando la rotonda está despejada. En este tercer nivel de inteligencia artificial los algoritmos reúnen los píxeles y los bits y procesan la información de una manera similar a como lo hace nuestro cerebro.

En un mundo rodeado de cámaras digitales y micrófonos, incrustados incluso en nuestro propio cuerpo, todos estamos *online* todo el tiempo en medio de una realidad aumentada. Desde el sofá de mi casa digo: «Alexa, por favor, encarga mi sushi favorito para cenar», o «Recuerda que mañana tengo una reunión a las ocho de la mañana», o «Quiero volver a ver la segunda parte de *El Padrino*», y el mundo responde como si se lo hubiera pedido al genio de la lámpara de Aladino. La inteligencia artificial está convirtiendo los hogares, los restaurantes, los centros comerciales, las calles de la ciudad en entornos *online* de realidad aumentada a nuestra disposición. El carrito del supermercado nos dará la bienvenida, nos recomendará las ofertas, se desplazará autónomamente por delante de nosotros, se pondrá en contacto con nuestro frigorífico y con los armarios de nuestra cocina para informarnos de los productos que nos faltan, sumará el precio de los productos elegidos, se asegurará de que hemos comprado todo lo que necesitamos y, al salir del supermercado, se pondrá en contacto con nuestro banco para cobrar la cuenta. Supongo que también nos preguntará por nuestros familiares y nos dará su opinión sobre los últimos libros publicados o las nuevas series de televisión.

En la mayoría de los países, incluso en aquellos altamente desarrollados, la educación continúa siendo industrial. Sigue el modelo de fábrica: a los pocos meses de nacer, las niñas y los niños entran en el sistema educativo, y catorce, dieciséis, o dieciocho años después terminan la primera etapa, en la que se les ha incrustado —mientras pasaban por la cadena de montaje—

de manera obligatoria y perfectamente pautada una serie de conocimientos, competencias y habilidades. Al finalizar, comienza una segunda etapa de especialización, en la que el modelo de fábrica sigue operando. Todo ello tiene sentido en un mundo en el que los recursos docentes están más o menos limitados: no se puede disponer de todos los materiales, ni de un gran número de profesores, los espacios disponibles tienen un alto coste de construcción y mantenimiento, y el tiempo de atención, supervisión y evaluación dependen de los factores anteriores.

Pero la inteligencia artificial nos permite superar todas estas limitaciones. Su capacidad de reconocimiento y recomendación permite diseñar programas personalizados capaces de atender a factores que los sistemas educativos industriales no habían tenido en cuenta, como son los diferentes estilos de aprendizaje de los estudiantes, sus distintos modos de cognición, las propias capacidades, la diversidad de competencias y habilidades, e incluso sus preferencias, necesidades, antecedentes culturales y sociales, etc. De esta manera, muchos de los estudiantes que, por múltiples factores que hasta ahora no se habían tenido en cuenta, se sienten poco motivados en sus actividades escolares y académicas, llegando incluso a ser expulsados del sistema en un momento u otro, podrían sentirse interesados y completamente vinculados a su proceso educativo, que podría entenderse incluso como un proceso para toda la vida.

Los procesos de educación y formación pueden integrar la inteligencia artificial en la enseñanza en clase, en la resolución de problemas y ejercicios, en las tutorías personalizadas y en la evaluación. Se podría apoyar a los estudiantes más rezagados en algunas tareas, completar y diversificar la formación de los más avanzados, e incluso fomentar campos de conocimiento en función de las capacidades, habilidades o intereses que el estudiante posee en un determinado momento de su vida. Y todo ello de manera automática, ofreciendo la máxima transparencia en la toma de decisiones y continua información al propio estudiante, a los padres y a los profesores. Podemos pensar en una educación dual, en la que el profesor se apoya en la inteligencia artificial para orientar el proceso educativo, pero también, en los niveles más avanzados y tardíos, en sistemas de inteligencia artificial completamente autónomos.

Plataformas de aprendizaje en línea como Khan Academy, Coursera y Duolingo utilizan inteligencia artificial para personalizar la enseñanza. Los algoritmos ajustan el ritmo de aprendizaje, proporcionan ejercicios personalizados y recomiendan contenido según el progreso del estudiante. Esto permite que aprendan a su propio ritmo y reciban atención más individualizada. Además, los tutores virtuales impulsados por IA ofrecen ayuda instantánea y adaptada. Estos sistemas son capaces de identificar dónde el estudiante tiene dificultades y ajustan las lecciones en consecuencia.

Upgrade 4

En el cuarto nivel de inteligencia artificial se sitúa la llamada *inteligencia artificial generativa.* Se caracteriza porque es capaz de crear contenido a partir de los datos que procesa, por ejemplo, textos, imágenes, vídeos, música, etc. En la película *Justicia universal,* estrenada en 2024 y dirigida por Simón Casal, la inteligencia artificial generativa es capaz de dictar sentencias judiciales. La película nos sitúa en 2028, en un escenario en el que la inteligencia artificial ayuda permanentemente a los jueces en el desempeño de su trabajo. En el inicio de la película la jueza Carmen Costa dicta una sentencia contraria a la sugerida por la inteligencia artificial. En este contexto, el gobierno español anuncia un referéndum para aprobar un sistema experto de aprendizaje profundo que ofrece automatizar y despolitizar la justicia, además de acortar los plazos de las sentencias para desatascar unos tribunales incapaces de dar salida a miles de expedientes atrasados. El sistema es capaz de atender a procesos complejos y de analizar las expresiones faciales, la mirada, la voz, etc. de los declarantes en litigios, así como procesar instantáneamente los millones de datos disponibles de los intervinientes en el juicio. Lo que se pretende con esta inteligencia artificial no es ayudar a los jueces, sino sustituirlos definitivamente. La historia está construida sobre la desconfianza que la jueza mantiene sobre los algoritmos y la empresa encargada de desarrollarlos. La atmósfera gris y a veces claustrofóbica en la que transcurre la trama es una metáfora de la problemática a la que se enfrenta el director: ¿la justicia algorítmica está libre de la influencia del poder político y económico?, ¿la eliminación de los prejuicios ideológicos y de las emociones nos acerca más a la justicia?, ¿es posible reconocer lo justo sin necesidad de la intuición y la empatía exclusivas de los humanos?, ¿serían los ciudadanos, por primera vez en la historia, iguales ante la ley?

En este cuarto nivel la inteligencia artificial no se limita a asistir a los humanos en el trabajo, la educación, la vida cotidiana o la toma de decisiones, tampoco se limita a entender el mundo humanamente y actuar en consecuencia; en este nivel, la máquina, de forma autónoma, decide la transformación del mundo. No se trata solo de, por ejemplo, asesorar a los jueces sobre las normativas vigentes, sobre pruebas, argumentos y sentencias anteriores, ni de comparar los testimonios y el material presentado para detectar patrones o contradicciones, o de informar sobre la probabilidad de reinserción de un preso o del nivel de riesgo para concederle la libertad provisional. Ya disponemos de sistemas, como iFlytek, que hacen justamente eso, ayudar a los jueces con recomendaciones extraídas de un brutal procesamiento de datos, con el fin de que emitan sentencias con la máxima información. Pero las posibilidades que ofrece la inteligencia artificial generativa de aprendizaje profundo van más allá, hasta la construcción de sistemas inteligentes autónomos que permitan incluso prescindir de los jueces.

La autonomía de la inteligencia artificial tiene aplicaciones menos controvertidas. Por ejemplo, en las cadenas de suministro, donde ha conseguido optimizar la gestión mediante el análisis predictivo y la capacidad de ajustar autónomamente la producción y el inventario en tiempo real. De esta manera, las empresas pueden prever demandas con mayor precisión, evitar interrupciones en el suministro y reducir los costes de almacenamiento. Buena parte de la logística que necesitan las empresas chinas para abastecer con sus productos al mundo no se podría sostener sin el uso intensivo de estos sistemas autónomos. En industrias como la manufactura y la energía se utilizan para implementar el *mantenimiento predictivo,* que se sirve de algoritmos para analizar datos de sensores y detectar fallos antes de que ocurran. Todo ello reduce el tiempo de inactividad, prolonga la vida útil de los equipos y minimiza los costos de reparación. En la agricultura, los sistemas autónomos utilizan drones para analizar continuamente y en tiempo real el estado de los productos, por ejemplo, las uvas o las fresas. Un enjambre de drones se distribuye ordenadamente por los cultivos y avanzados algoritmos de visión transmiten los datos al sistema, que juzgará si la maduración es la adecuada y ha llegado el tiempo de la cosecha. Si este es el caso, el sistema activa las máquinas vendimiadoras o los tractores con brazos articulados para la recogida del producto.

Desde el año 2005 se vienen instalando en distintos hospitales españoles sistemas de cirugía robótica, que para muchos pacientes suponen la diferencia entre la vida y la muerte. El más conocido de ellos es Da Vinci, de la compañía estadounidense Intuitive Surgical, aprobado por las autoridades sanitarias de este país en el año 2000. Otras compañías, como Johnson & Johnson y Medtronic, también están invirtiendo una gran cantidad de recursos en el desarrollo de robots cirujanos, capaces incluso de realizar teleoperaciones a larga distancia. Por el momento, el sistema no toma decisiones ni opera, sino que asiste al cirujano perfeccionando las técnicas de laparoscopia y permitiendo ver el interior del cuerpo en 3D para atender con más precisión a las estructuras de los órganos. El próximo paso que quieren dar estas compañías pasa por el desarrollo de sistemas quirúrgicos completamente autónomos impulsados por inteligencia artificial generativa. Lo cual debiera permitir que una cirugía de alta calidad, que ahora solo es accesible para los países más ricos y desarrollados tecnológicamente, lo fuera para toda la población mundial.

La tendencia en la investigación de vanguardia en inteligencia artificial pasa por el desarrollo de sistemas de aprendizaje profundo que puedan analizar y planificar distintas opciones y sean capaces de generar planes complejos y secuencias de acciones que se proyecten en un horizonte temporal amplio. Hay que tener en cuenta que estos sistemas se incorporarán a cuerpos artificiales o robots, que en muchos casos deberán tener un aspecto humano, pero en otros el aspecto será muy distinto, dependiendo de las tareas para las que estén destinados. Por ejemplo, es conveniente que los robots cirujanos tengan más de dos brazos, puesto que ello permitirá optimizar el tiempo de la operación y su precisión. O que los robots utilizados en los almacenes de

Amazon para recoger los productos sean lo suficientemente ligeros como para desplazarse en vuelo y tengan más de dos patas para agarrar la carga. Sin embargo, los robots que trabajen en entornos diseñados originalmente para el trabajo de los humanos o los destinados al cuidado de personas mayores o dependientes necesariamente serán robots humanoides. Es este un mercado que, según las estimaciones más recientes de Goldman Sachs, alcanzará los ciento cincuenta y cuatro mil millones de dólares en 2035. Tesla ya ha anunciado la fabricación de su humanoide Optimus en 2026 y Agility Robotics comenzará la producción de diez mil Digit anuales en 2025.

Pero el futuro no pasa solo por desarrollar mejores sistemas de inteligencia artificial generativa y aprendizaje, sino por desarrollar plataformas que ofrezcan servicios de inteligencia artificial en la nube, de tal manera que cualquier compañía, institución, fabricante o persona pueda acceder a ellas. Las compañías detrás de las plataformas se encargarán del desarrollo de la inteligencia artificial y ofrecerán servicios específicos, por ejemplo, a los fabricantes de aspiradoras, frigoríficos, teléfonos móviles o coches inteligentes. El inmenso organismo de la inteligencia artificial crecerá y se desarrollará en la nube y desde ella accederá a cada rincón de nuestra existencia.

Esta vez es diferente

A medida que evoluciona la inteligencia artificial transforma industrias y empleos a nivel global. Su impacto en el mercado laboral es un tema central en los debates sobre el futuro del trabajo. Habitualmente se dice que los trabajos que implican tareas manuales o repetitivas son los más vulnerables a la automatización. Lo cual afecta particularmente a empleados con menor formación, que dependen de trabajos de baja cualificación. Sin embargo, este análisis tiende a pensar la actual revolución sobre el molde de la Revolución Industrial, insistiendo en las semejanzas y obviando las diferencias, que resultan determinantes para entender que esta vez es diferente.

Hoy es difícil hacernos la idea de la ebullición social, económica y tecnológica que vivieron Europa y Estados Unidos durante la Revolución Industrial. Pensemos que durante toda la historia de la humanidad el trabajo se había realizado de forma manual y mediante el uso de la tracción animal. Sin embargo, el desarrollo de la ciencia moderna y la tecnología derivada de ella hizo posible que, desde comienzos del siglo XVIII, las máquinas se hicieran cargo de tareas que hasta ese momento habían desarrollado agricultores y artesanos.

Los tejidos y los hilados se hacían en las casas para el consumo propio usando una rueca. En ocasiones, cuando habían finalizado las tareas de recolección del campo, las mujeres de los agricultores tejían para los comerciantes y vendedores que se lo solicitaban, los cuales se encargaban de proporcionar los ovillos de lana, algodón o lino. Todo cambió cuando John Kay inventó la lanzadera volante en 1733. La capacidad de producción de tejido se duplicó en diez años y, a partir de ese momento, su crecimiento fue exponencial. En 1800 ya había en Reino Unido casi dos mil quinientos telares, y cincuenta años después el número era de doscientos cincuenta mil. La población de Inglaterra y Gales se incrementó consecuentemente. En la primera mitad del siglo XVIII se mantuvo constante en los seis millones, a finales de siglo era de doce millones, de diecisiete millones en 1850 y de casi treinta y un millones en 1900. Había mano de obra abundante para las nuevas industrias y también una gran demanda interna para los nuevos productos. El aumento de la población urbana en ciudades de planta medieval generó hacinamiento, condiciones insalubres y la aparición de un buen número de enfermedades. Pero también un enorme incremento de la renta per cápita, acompañado de una creciente desigualdad social. Las agrupaciones de trabajadores comenzaron a articularse a comienzos del XIX y a finales de los años veinte surgieron los primeros sindicatos en Estados Unidos e Inglaterra. Fue entonces cuando comenzó el capitalismo contemporáneo.

Otra de las fuerzas que impulsaron la Revolución Industrial fue la máquina de vapor. Aunque las primeras máquinas con aplicaciones prácticas son de comienzos del siglo XVIII, las que tuvieron un gran éxito comercial las desarrollaron Boulton y Watt desde los años sesenta del mismo siglo. Se usaron en fábricas, fundiciones, estaciones de bombeo, y permitieron el desarrollo de los primeros motores. La utilización de la máquina de vapor en el ferrocarril, que hasta el momento empleaba carros arrastrados sobre rieles por caballerías, impulsó definitivamente las comunicaciones, el transporte de materias primas y el comercio. La primera locomotora de vapor que consiguió hacer varios viajes por raíles fue la de Richard Trevithick. Pero el hierro fundido empleado en la construcción de raíles no soportaba el peso de la locomotora. En 1829 terminó la construcción de la primera línea de ferrocarril de la historia, que unía Liverpool y Manchester. Para circular por ella se compraron las modernísimas locomotoras de vapor Rocket de Robert Stephenson.

Podemos establecer muchos paralelismos entre la Revolución Industrial y la revolución de la inteligencia artificial. También hoy la aplicación de la ciencia y la tecnología está transformando todos los procesos, comenzando por los productivos. Se están desarrollando nuevas formas de energía: si entonces fueron el carbón primero y el petróleo después los que alimentaron el desarrollo de la industria, hoy contamos con las energías alternativas. Se está produciendo una transformación del transporte: en la Revolución Industrial fue consecuencia de la construcción de trenes y barcos de vapor, ahora es consecuencia de la introducción de la inteligencia artificial en nuevos artefactos para la movilidad. También hoy se da un enorme traspaso de la población a las grandes ciudades, así como intensos flujos de migraciones internacionales hacia los países más desarrollados. La población sigue creciendo a un ritmo elevado por el aumento de la esperanza de vida y la erradicación de un número cada vez mayor de enfermedades.

Pero hay diferencias determinantes entre las dos revoluciones. El crecimiento de la riqueza comenzó a dibujar una curva ascendente en la Revolución Industrial y hoy la curva es exponencial. La estimación que hace Price Waterhouse Coopers es que la economía mundial será un catorce por ciento mayor en 2030 como consecuencia de los efectos de la inteligencia artificial. Provocará un incremento adicional del PIB mundial de 15,7 billones de dólares, 6,6 billones como consecuencia del incremento de la productividad y 9,1 billones por los efectos en el consumo. El principal impacto sobre la economía mundial vendrá de dos factores fundamentales, que vuelven a ser los mismos que en la Revolución Industrial: las ganancias de productividad para la empresas como consecuencia de la automatización de procesos y el incremento de la fuerza laboral por el uso de las nuevas tecnologías (ahora dependientes de la inteligencia artificial), y el aumento del consumo como consecuencia de la oferta de productos y servicios de mayor calidad (y ahora mucho más personalizados).

Entonces la riqueza llegaba a la burguesía industrial y a los llamados sectores de clase media, y la creciente sindicalización de los trabajadores y las movilizaciones del proletariado urbano consiguieron abrir distintas vías para que les llegara también a ellos. Hoy la desigualdad es creciente, y lo será más a medida que la inteligencia artificial invada la economía mundial. La razón es muy sencilla: en esta industria el ganador se lo lleva todo. La tecnología de la inteligencia artificial no es como la de construcción de frigoríficos, lavadoras o televisores. En estos casos los productos con menor rendimiento (menores prestaciones, menor duración, peor diseño, mayor consumo) pueden resolver, al menos en el corto plazo, las mismas tareas a un precio inferior, lo que hace que tengan un lugar en el mercado. Pero esto no es posible con la inteligencia artificial. La relación entre el aprendizaje profundo y los datos genera un círculo virtuoso: mejores sistemas inteligentes generan más usuarios, los usuarios generan más datos, con los que se logran sistemas con mejores y novedosas funciones, que atraen a más usuarios, que a su vez atraen a los mejores ingenieros y programadores, que mejoran los sistemas y desarrollan otros nuevos, que atraen a más usuarios, que generan más datos, que atraen a nuevos inversores, lo que permite la contratación de los mejores talentos y la permanente innovación, con la que se desarrollan nuevos sistemas, que atraen a nuevos usuarios... El que se queda descolgado pierde porque no puede desarrollar las mismas funciones con sistemas menos prestacionales pero más baratos, ni tiene el capital económico y humano necesario para la innovación y generación de nuevos productos. La brecha entre los líderes y los rezagados se hace cada vez mayor y finalmente los rezagados pierden y los líderes se quedan con todo (inversión, profesionales, datos y usuarios). El resultado es cada vez más visible: una concentración de cantidades astronómicas de capital en manos de unos pocos.

China y Estados Unidos ya han sacado en inteligencia artificial una distancia insalvable al resto de los países, incluida la Unión Europea. A partir de sistemas políticos y económicos muy distintos han conseguido ecosistemas de capital riesgo lo suficientemente extensos, poderosos y diversificados como para generar una constante innovación, atraer y retener conocimiento y talento y generar bases enormes de usuarios y datos. Hay una gran diferencia cultural entre ellos: por un lado, nos encontramos con el ambiente medio *hippie* medio friki de Silicon Valley, en el que reina un optimismo tecnológico que hace que sus integrantes, mayoritariamente jóvenes, se atrevan a «pensar diferente» convencidos de que pueden cambiar el mundo; por otro lado, Zhongguancun, plagada de *startups* tecnológicas sin ningún compromiso con la transformación del mundo, sino con el hecho de ganar cuanto más dinero mejor, implementando ideas ejecutables y con valor de mercado sin importar de dónde provienen ni a quién se le han ocurrido. De dos maneras distintas, el círculo virtuoso que han logrado formar es imparable, de forma que su liderazgo no hace más que agrandarse y será insuperable en los próximos años y durante varias generaciones. Mientras tanto, el resto del mundo se reconfigura para proveer de recursos a las dos superpotencias. Europa es, todavía hoy, una fuente de conocimiento exportable —fundamentalmente a Estados Unidos— que ella misma es incapaz de implementar por carecer del capital necesario y de una masa crítica de usuarios suficiente. Con un PIB de diecisiete billones de dólares y una población de cuatrocientos cincuenta millones, Europa se está quedando pequeña frente a China, con un PIB de casi dieciocho billones de dólares y mil cuatrocientos millones de personas, y Estados Unidos, con un PIB de más de veintiocho billones de dólares y trescientos treinta y cinco millones de personas.

10. CORREN TIEMPOS DE CAMBIO

Desde el siglo XVII, una respetable tradición filosófica liberal (con Locke, Hobbes y Rousseau a la cabeza) imaginó a los humanos luchando por su propio beneficio, respondiendo de esta manera a un ancestral impulso que no conseguimos aplacar ni a través de la vida en sociedad. Así las cosas, la política es el mal necesario que juega en interés de todos, porque permite una gestión racional de la violencia que inevitablemente genera nuestro permanente estado de lucha.

Sin embargo, lo queramos reconocer o no, estamos viviendo en medio de una revolución, una época en la que tenemos plena conciencia de que ya no vale lo de antes para enfrentar los nuevos desórdenes y *abnormalidades*. Primero: en un tiempo de completa automatización, globalización y migraciones, las fronteras nacionales y la soberanía de los Estados están perdiendo su sentido y solo se mantienen de una manera artificial y violenta. Segundo: las últimas crisis económicas nos han hecho perder la fe en una estructura económica racional, estable y autoorganizada, independiente de todo control. Tercero: el proletariado dejó de existir cuando perdió su autoconciencia, pero en el siglo XXI ha surgido un nuevo sujeto político: los migrantes. Como los proletarios de la Revolución Industrial, se ven obligados a dejar sus lugares de origen y su cultura. Son considerados *bárbaros,* en el sentido etimológico de la palabra: no saben el idioma ni conocen las costumbres de los pueblos gobernantes. Ante su presencia, la política neoliberal ha quedado reducida a una mera *vigilancia policial* que comienza en las fronteras.

Incertidumbre laboral

En el proceso de automatización mediante inteligencia artificial la peor parte se la llevan los países en vías de desarrollo. Ofrecían abundante mano de obra barata, de tal manera que a las empresas surgidas y desarrolladas en Europa y Estados Unidos les era rentable trasladar las fábricas y la producción allí, con una puesta en funcionamiento que requería de una formación de los trabajadores sencilla y barata. China, Corea del Sur, Taiwán, Singapur y Hong Kong han sido ejemplos de países que han favorecido la deslocalización de empresas e industrias de países desarrollados. Pero en ellos la oferta laboral generó una gran demanda de trabajadores que hizo que subieran con fuerza los salarios y, consecuentemente, la demanda interna y el nivel de vida. Todo ello favorecido por un fuerte proteccionismo del sector industrial y del mercado de capitales, y un intervencionismo del Estado a través de potentes empresas de titularidad pública en todos los sectores. De tal manera que hoy se han convertido en cualificados suministradores de China. Sin embargo, en otros países en vías de desarrollo la deslocalización no ha sido tan intensa como para generar este nivel de desarrollo, quizá porque el interés de Estados Unidos solo radicaba en mostrar los éxitos de la economía capitalista en los países de la órbita comunista. Y ahora la mano de obra barata deja de ser relevante, en medio de una creciente automatización de procesos industriales cada vez más complejos impulsada por la inteligencia artificial. Aunque las fábricas se deslocalicen a los países en vías de desarrollo para estar más cerca de los recursos naturales o de los suministradores, el número de trabajadores que necesitarán será mínimo. Y estos países tampoco podrán crecer a través de exportaciones de bajo coste porque no podrán igualar el bajo coste de la producción masiva automatizada. El resultado ya lo estamos viendo: un flujo cada vez más intenso de migrantes internacionales se dirige a los países desarrollados. La brecha entre los que tienen y no tienen se está ensanchando por el desarrollo de las modernas tecnologías y la inteligencia artificial, y no existe ni va a existir en las próximas décadas una manera de estrecharla. Se ha hecho realidad la sentencia bíblica: «Al que tiene, se le dará más, y tendrá bastante; pero al que no tiene, hasta lo poco que tiene se le quitará» (Mateo, 13: 12-17). El versículo no se refiere a las riquezas materiales, sino a la sabiduría. Pero en la era de la inteligencia artificial las riquezas materiales dependen del saber.

En los países receptores de migrantes se produce un incremento de la competencia laboral, que generalmente afecta a los trabajos que requieren menos cualificación. Los trabajadores de estos sectores se sienten perjudicados por la pérdida de empleos —que van a parar a los migrantes— y por la disminución de los salarios. Además, surgen nuevas bolsas de pobreza y marginación. Y todo ello hace que aumente la discriminación y la xenofobia.

Se podría pensar que, con independencia de la migración, la automatización producida por la inteligencia artificial ya está poniendo en jaque estos trabajos. Pero aquí radica otra importante diferencia con la Revolución Industrial: si entonces las máquinas sustituyeron a los trabajadores con poca cualificación, agricultores y artesanos en su mayoría, y los empleos de mayor cualificación ligados a la gestión, administración, educación, etc. quedaron a resguardo de la automatización, la inteligencia artificial no discrimina por tipo de trabajo y golpeará, incluso de una manera más dura, a la clase media bien educada y con alta formación. Los títulos universitarios y los títulos de alta especialización no ofrecerán garantía de seguridad laboral cuando se esté compitiendo con máquinas de aprendizaje profundo que, por el momento, asisten a médicos, jueces, mandos altos e intermedios de empresas y administraciones, profesores, responsables de recursos humanos, etc., pero que en pocos años se desarrollarán hasta completar tareas más complejas y reemplazar por completo a los humanos, incluso en la toma de decisiones.

Los trabajos pautados en entornos predecibles son los más fáciles de automatizar. Por el contrario, los que exigen respuestas no pautadas y se desarrollan en entornos cambiantes son de difícil automatización, lo que les resguarda de la competencia de la inteligencia artificial en el corto y medio plazo. Entre ellos están los albañiles, carpinteros, fontaneros, camareras de hotel, personas dedicadas a los cuidados de mayores y dependientes, los relacionados con distintas tareas agrícolas, etc. En los países desarrollados que ya han comenzado a usar de manera intensiva la inteligencia artificial sigue existiendo una alta demanda de estos profesionales, que solo puede ser cubierta con los migrantes. Y así seguirán las cosas en el corto y medio plazo. Pero si ampliamos el horizonte, vemos que la automatización también avanza en estos sectores de una manera característica. Para facilitarla se cambia el modo de producción atendiendo a los requerimientos de las máquinas y la inteligencia artificial. Un claro ejemplo de ello es la sustitución de vides bajas por vides altas, que permiten el uso de máquinas vendimiadoras, reduciendo al mínimo el número de trabajadores necesarios. Algo similar está ocurriendo en la construcción: para eliminar tareas de albañilería, carpintería y fontanería se instalan en obra módulos que previamente han sido construidos y ensamblados en fábricas con una alta automatización.

Los trabajos que realizamos los humanos están adaptados a nuestras capacidades y competencias, que derivan de nuestra particular biología. Precisamente porque tenemos dos brazos y no tres, dos piernas y no cuatro, dos ojos en lugar de sensores de ondas, etc., disponemos las tareas de una determinada manera. Por ello, la automatización no pasa solo por disponer de las máquinas para realizar las tareas encomendadas a los humanos, sino, en muchas ocasiones, por redefinir las tareas y cambiar los entornos para que el trabajo lo puedan realizar las máquinas. De la misma manera que el uso de la lavadora nos exige cambiar el tipo de ropa y de tejido, o el uso de robots aspiradores nos exige un determinado tipo de muebles, el uso de máquinas en las tareas agrícolas exige cambiar las plantas usadas y los métodos de siembra y recolección, y el uso de robots en quirófanos exige cambiar métodos y protocolos sanitarios. Cuando se logra la convergencia de la automatización y la redefinición de tareas en nuevos entornos, el trabajo humano desaparece.

La máquina de la desigualdad

Después de la Segunda Guerra Mundial, la riqueza, el empleo y los salarios crecían a la par en los países desarrollados y en otros que, estando en vías de desarrollo, consiguieron avanzar e incorporarse al grupo de los más avanzados. En los últimos treinta años, la curva del crecimiento de la riqueza de Estados Unidos no ha hecho más que aumentar, pasando de un PIB de 7,3 billones de dólares en 1994 a 27,4 billones en 2023; sin embargo, los salarios y los puestos de trabajo se han estancado. La estratificación económica va en aumento. La realidad hoy es que la inteligencia artificial y las nuevas tecnologías se extienden por la sociedad y el tejido productivo, generando una enorme riqueza que se concentra, en sus tres cuartas partes, en el diez por ciento de la población. Mientras tanto, los salarios reales para la media de los estadounidenses permanecen planos, y han caído para los estadounidenses más pobres. En Europa la situación es otra por la extensión del estado de bienestar en las economías nacionales más grandes, pero las corrientes de fondo son las mismas, y poco a poco están socavando los cimientos de la distribución de la riqueza. Este panorama nos permite entender las convulsiones políticas y los nuevos liderazgos que en los últimos años están surgiendo en Estados Unidos y Europa.

En la Revolución Industrial, la máquina de vapor primero, los motores de combustibles fósiles después y el desarrollo de la maquinaria utilizada en las fábricas hizo posible descomponer tareas complejas en tareas simples que podían ser realizadas por trabajadores con poca cualificación. Pero la inteligencia artificial no va a facilitar la descomposición de tareas, sino su ejecución completa. La industria necesitaba una gran cantidad de mano de obra además de la requerida para la elaboración y distribución de un bien determinado: empleados de la construcción para levantar las fábricas y construir vías de comunicación, ingenieros, operarios, mecánicos, empleados de transporte, gestores, administrativos, etc. eran indispensables para poner en funcionamiento la cadena de producción. En cambio, la inteligencia artificial básicamente necesita solo dos cosas: datos y algoritmos.

Una gran cantidad de productos de inteligencia artificial que aumentan exponencialmente la productividad solo son algoritmos digitales que, además, son replicables hasta el infinito y se pueden distribuir al instante en cada rincón del planeta. Y todo ello sin necesidad de construir fábricas, ni máquinas, ni carreteras, ni medios de transporte, y con un equipo mínimo dedicado a la gestión y la administración. Programadores, gestores y administrativos de la empresa propietaria del algoritmo caben en un pequeño despacho de un edificio de oficinas de Madrid. Dentro de poco el despacho podrá ser aún más pequeño, porque los gestores y administrativos serán sustituidos por otro algoritmo. Una pequeña mejora en una máquina industrial requería un largo periodo de investigación y pruebas y una compleja gestión para introducir las mejoras en la cadena de producción, vender las nuevas máquinas, transportarlas y recoger las antiguas. Hoy, la mejora del *software* es continua y su actualización gratuita e inmediata. La Revolución Industrial ocurrió a lo largo de muchas generaciones. Incluso hablamos de dos revoluciones: la que tuvo lugar de 1760 a 1840 y la que tuvo lugar desde esa fecha hasta 1914, año en que se inicia la Primera Guerra Mundial. La revolución de la inteligencia artificial ha ocurrido en una generación y la generación siguiente verá la segunda revolución. Vivimos tiempos de una aceleración brutal.

Hasta hace poco más de cuatro décadas, cuando un científico, un inventor, un ingeniero, una empresa tenían una nueva idea, recurrían a los ahorros propios, a los bienes patrimoniales, a los mecenas o a los bancos para conseguir algo de capital y comenzar a desarrollarla e implementarla. Pasaba mucho tiempo, incluso varias décadas, desde que surgía la idea hasta que quedaba implementada en un proceso, máquina o producto tecnológico. Desde finales de los años setenta tenemos una poderosa herramienta capaz de financiar la innovación transformadora de forma permanente y de acotar los tiempos de desarrollo e implementación: son los fondos de capital riesgo. Financian empresas incipientes a las que se atribuye un elevado potencial —aunque también un elevado riesgo— cuyo modelo de negocio se sitúa normalmente en el sector tecnológico. Biotecnológicas, empresas de *hardware* y *software,* de información y comunicación en redes sociales y, por supuesto, todas las emparentadas con la inteligencia artificial, son las preferidas por estos fondos. Solo en Estados Unidos y solo en los últimos cinco años las inversiones de capital riesgo en inteligencia artificial han sido de doscientos noventa mil millones de dólares. Ese dinero no hace más que buscar rentabilidad en un sector que impulsará el PIB de Estados Unidos un 1,5 por ciento anual en la próxima década, alcanzando los cuatro billones de dólares en términos reales. En China el capital riesgo invertido en ese periodo en el ecosistema de inteligencia artificial ha sido de ciento veinte mil millones de dólares, a lo que hay que sumar las inversiones realizadas directamente por el gobierno, que interviene como accionista en la mayor parte de las empresas. Los fondos de capital riesgo son voraces y, precisamente por ello, no dejan de explorar ideas y proyectos y de impulsar el desarrollo, implementación y comercialización de los productos tecnológicos relacionados con la inteligencia artificial. Se trata de exprimir cada dólar en el mínimo tiempo.

Lo que las previsiones dicen

En los últimos diez años se han sucedido los estudios sobre la pérdida de empleos inducida por la inteligencia artificial. El debate se inició en 2013 en la Universidad de Oxford con el artículo escrito por Carl Benedikt Frey y Michael A. Osborne, titulado «The Future of Employment: How Susceptible are Jobs to Computerisation?», en el que calculaban que en dos décadas Estados Unidos automatizaría el cuarenta y siete por ciento de los empleos. Las críticas no se hicieron esperar, e inmediatamente se publicaron en prensa y en revistas científicas nuevos trabajos que señalaban las deficiencias del cálculo, a la vez que proponían modelos alternativos de estimaciones y ofrecían resultados más alentadores, situando la pérdida de empleos en el entorno del diez por ciento. Lo cierto es que ya han pasado más de diez años desde ese estudio señero y sus previsiones no se han cumplido; por el contrario, en Estados Unidos y Europa hay pleno empleo, situándose la tasa de desempleo en el 3,5 y 6,4 por ciento respectivamente.

Los estudios más recientes de Goldman Sachs indican que la inteligencia artificial afectará, de una manera u otra, a trescientos millones de trabajadores a jornada completa en todo el mundo. La mayoría de los empleos, un sesenta y cuatro por ciento, automatizarán la mitad de la tarea. Estos trabajadores no se enfrentarán a un despido y podrán disponer de más tiempo para dedicarlo a la familia, al ocio y a otras actividades, lo cual generará a su vez nuevos puestos de trabajo. Solo un siete por ciento del empleo será muy vulnerable debido a que automatizará más de la mitad de las tareas. El grupo más afectado será el de los *trabajadores de cuello blanco,* que son los que tienen estudios universitarios y están dedicados a tareas legales, de administración y gestión. La otra cara del informe es que la productividad aumentará de tal manera que el PIB mundial se incrementará un siete por ciento anual durante los próximos diez años.

Habitualmente los estudios de este tipo se centran en cómo afectará la inteligencia artificial a los trabajos que ya están siendo realizados por humanos, analizando si las tareas correspondientes podrán ser automatizadas o no y hasta qué punto. Pero

JUAN ANTONIO VALOR YÉBENES

no tienen en cuenta aquellas compañías que desarrollan una industria desde cero sin recurrir a humanos, sino recurriendo exclusivamente a máquinas. Aquí no se trata de estudiar el reemplazo del trabajo analizando la automatización de tareas, sencillamente porque no hay humanos que reemplazar y las tareas no están diseñadas para ser realizadas por humanos, sino, desde el principio, por máquinas. Por ejemplo, la nueva fábrica de teléfonos móviles de Xiaomi puesta en funcionamiento en 2024 produce sin intervención humana un *smartphone* por segundo. Se ha cambiado el modo de producción respecto de las fábricas intervenidas por humanos, de tal manera que la combinación de robótica e inteligencia artificial mejora la eficiencia y la calidad del producto. Los robots realizan tareas de ensamblaje, pruebas, controles de calidad y empaquetado, operando veinticuatro horas al día siete días a la semana. Un sistema de control centralizado basado en inteligencia artificial monitoriza y supervisa la producción en tiempo real y analiza los datos para detectar problemas y optimizar el rendimiento de la fábrica. Incorpora un mantenimiento predictivo, que a través de sensores en la maquinaria recopila datos para anticipar fallos y adelantar oportunamente las soluciones. Además, es capaz de ajustar la producción de manera flexible y rápida en función de la demanda del mercado. El resultado: alta calidad de los productos, precios más competitivos y expansión en el mercado. La competencia se verá obligada a adaptarse y a repensar su producción desde los cimientos, aprovechando el despliegue de la inteligencia artificial y reduciendo drásticamente el número de trabajadores, o se arriesgará a ir a la quiebra.

Pongamos más ejemplos. Zara construye en España nuevas fábricas automatizadas en las que los robots hacen de todo: cortan patrones, tintan las telas, cosen las prendas. Las máquinas funcionan a tal velocidad que desde que se diseña una prenda hasta que está en la estantería de la tienda pasan menos de diez días. Las nuevas megafábricas de Tesla en Estados Unidos, Europa y China están automatizadas al cien por cien. En 2012 Amazon compró la empresa de robótica Kiva Systems por lo que a algunos les pareció una cantidad desmesurada de dinero: setecientos setenta y cinco millones de dólares. En sus nuevos almacenes trabajan ahora más de ciento cincuenta mil robots, aunque, según declara la compañía, «se necesitan algunos humanos porque los robots todavía no tienen sentido común». Todavía.

LA SABIDURÍA DE LOS LUDITAS

El panorama que dibuja el *tecnocapitalismo* impulsado por la inteligencia artificial es desolador: brecha insalvable entre las superpotencias de la inteligencia artificial (Estados Unidos y China) y el resto del mundo, desigualdades dentro de los países avanzados y separación en clases, monopolios tecnológicos, acumulación del capital, trabajadores desplazados, empleos destruidos, paro estructural y una alta inestabilidad social y política. Los europeos especialmente sabemos lo frágiles que pueden ser nuestras instituciones políticas y nuestra organización social cuando aumentan las desigualdades. Precisamente hoy no podemos olvidar nuestra historia.

Los *tecnooptimistas* se apoyan en la «verdadera historia del cambio tecnológico» para deshacerse de las inquietantes conclusiones de los estudios más académicos. Al fin y al cabo, solo el pesimismo está bien visto en las universidades y en los aburridos centros de estudios e investigación. El argumento en el que se apoyan es sencillo: la tecnología aumenta la productividad, lo que hace que baje el precio de los bienes y los servicios. Esto provoca un aumento del poder adquisitivo de los consumidores, de tal manera que, por un lado, aumentan el consumo de lo que ya se está produciendo y, por otro, se atreven a gastar dinero en productos que aportan distinción, innovación, creatividad, diferencia. El resultado es que se crean más puestos de trabajo en actividades existentes y en otras completamente nuevas que aportan más valor añadido. Lo cual hace que aumente la riqueza, el poder adquisitivo y la capacidad de financiar más innovación, creatividad, distinción, etc. Como ocurrió en anteriores cambios técnicos o tecnológicos, y también en las revoluciones industriales, puede suceder que al principio los empleos disminuyan, en un momento en el que el viejo mundo no ha desaparecido y el nuevo no acaba de aparecer. Pero pasados los primeros momentos, el círculo virtuoso se asienta y se suceden el crecimiento y las mejoras sociales y económicas en las siguientes generaciones. Así se explica que la máquina de vapor, el tren, la electricidad o la maquinaria industrial y agrícola no generasen oleadas de desempleados, sino, por el contrario, un elevado desarrollo económico, social, cultural y científico en las siguientes generaciones, una vez superados los primeros momentos de ajuste. Y lo mismo ocurrirá con el desarrollo e implementación de la inteligencia artificial.

Estoy de acuerdo con los tecnooptimistas; de hecho, me considero uno de ellos. A mi modo de ver, lo más interesante de su argumento es el hincapié que hacen en la creatividad humana, en el enorme valor que le damos y en lo que estamos dispuestos a pagar por ella. En cuanto nos dan la mínima oportunidad, los humanos no nos conformamos con lo que hay, ni con lo que somos, ni con lo que tenemos, sino que comenzamos a crear otros mundos, a hacer realidad otras posibilidades y a dotar de valor aquello que es completamente diferente, simplemente por el hecho de serlo. Como las posibilidades y las diferencias son infinitas, siempre habrá otros mundos y otras realidades por crear. Cuando parece que ya todo está hecho y visto, surge la novedad y cambia el valor que le damos a las cosas. Veamos algunos ejemplos. En medio de coches eléctricos y autónomo que nos permiten viajar relajadamente e incluso desarrollar otras tareas mientras tanto, el valor lo adquiere un viejo modelo de gasolina ruidoso, incómodo y con un tortuoso manejo; envueltos en ropa tecnológica capaz de medir distintos parámetros y determinar nuestro estado de salud, el valor lo adquiere un vestido de Balenciaga de la colección de invierno presentada en París en 1957; en el supermercado donde hago la compra semanal, el jamón cortado a cuchillo vale el doble —¡el mismo jamón!— que cortado a máquina; la mesa sobre la que escribo tiene la misma calidad y cumple la misma función que cualquier otra de Ikea, pero estuve dispuesto a pagar tres veces más por su diseño italiano; cuando los transbordadores espaciales de Elon Musk nos anuncien viajes de fin de semana de la Tierra a la Luna y vuelta, lo que tendrá valor serán las visitas guiadas a La Mancha de don Quijote. Qué insolencia la nuestra… Precisamente esta insolencia es la que hace que, cuando las máquinas sean capaces de hacer todo, nosotros comencemos a darle valor y a ver la riqueza en lo que no saben hacer, en lo que es completamente distinto, en lo diferente. En definitiva, mi optimismo se basa en el hecho de que para los humanos el trabajo y la riqueza no se encuentran en lo que ya existe, sino en lo que no existe y nos empeñamos en traer a la existencia. Como siempre, también ahora la riqueza se encuentra en la distinción, la innovación, la creatividad y las diferencias.

El *ludismo* fue un movimiento de principios del siglo XIX, surgido entre los tejedores ingleses contra las máquinas que reemplazaban el trabajo. Destrozaron los telares industriales para aumentar la presión entre los empleadores y debilitar aún más a los trabajadores, buscando que se asociaran en sus reivindicaciones. Su objetivo no era una sociedad sin máquinas, sino alcanzar la mejor posición negociadora para mejorar las condiciones laborales y los salarios. Se trataba, en definitiva, de una mera estrategia laboral y social, porque en el fondo sabían y asumían que el progreso de las sociedades pasaba, inevitablemente, por el uso de las máquinas.

Al igual que hicieron los luditas, también nosotros tenemos que asumir que no conocemos una alternativa viable y mejor al desarrollo tecnológico en el que nos encontramos. Por eso zanjamos la discusión diciendo que es *inevitable*. Ningún programa político que se elabore en el siglo XXI va a incluir la destecnificación del mundo, sencillamente porque nadie sabe cómo hacerlo sin destruirnos. Pero no debemos olvidar la sabiduría de los luditas: el tecnocapitalismo de hoy no va a resolver, por sí mismo, los problemas que genera. Así que es urgente tener una idea clara del modo en que el poder de los Estados debe relacionarse con el tecnocapitalismo para proteger a los ciudadanos. Estamos al comienzo del comienzo de otra revolución, y como ocurrió en las revoluciones anteriores, otra vez tenemos que pensar qué debe y qué no debe depender del Estado, hasta dónde exactamente debe llegar la planificación, de forma que se garantice la realización de las inmensas posibilidades tecnológicas que tenemos por delante sin que ello suponga el desmantelamiento de los espacios civilizatorios que tanto tiempo y esfuerzo nos han llevado construir, ni suponga tampoco la destrucción del medio ambiente.

Otra de las diferencias con la Revolución Industrial es que entonces una gran mayoría asumió que el «capitalismo» era fuente de miseria humana y que el único poder redentor real provenía de la «clase trabajadora». Ese relato dejó de funcionar después de la caída del Muro de Berlín, aquella noche del 9 de noviembre de 1989, y definitivamente ha perdido todo su sentido en medio de un tecnocapitalismo que treinta años después comienza a liderar —¡quién nos lo iba a decir!— China. Ya no hay espacio para grandes relatos hegelianos o marxistas que nos obliguen a pensar en términos escatológicos y de historia universal de la humanidad. Esto pone muy nerviosos a los filósofos e intelectuales que, por un lado, se sienten culpables por no tener un proyecto planetario ni una estrategia global para alcanzar la solución final y, por otro, se resisten a pensar en términos ateóricos y banales, que siguen considerando pequeño-burgueses. Y acaban rompiendo la baraja, como le pasó a Fukuyama cuando declaró el fin de la historia. Pero lo que llegó a su fin no fue la historia, sino *su* historia, o la filosofía de la historia. La historia sigue, por encima de Fukuyama y de los intelectuales hiperbólicos que se pongan por delante.

Así que ha llegado el momento de prescindir definitivamente de Hegel y Marx y aprender de la sabiduría de los luditas. No se trata de eliminar el tecnocapitalismo, sino de encontrar las vías que nos permitan mejorar nuestras condiciones de vida y nuestros salarios, y ver realizados nuestros proyectos. Si alguien pregunta qué vías son esas, la respuesta es que *a priori* no lo sabemos. Debemos probar una y otra vez, aunque frecuentemente nos equivoquemos. Pero si súbitamente alcanzáramos el poder político *real,* aun reconociendo que no sabemos cómo conseguir un orden social redimido, ni cómo construir la república igualitaria de todos los pueblos, sacaríamos un listado de leyes, normas, reformas institucionales, sanitarias, educativas, financieras, etc. que intentaríamos aprobar con el fin de aumentar la libertad, las posibilidades y los espacios civilizatorios. Todo ello es lo que genera más riqueza y el milagro de la multiplicación de los panes y los peces.

Epílogo.
Robots humanoides y otras criaturas

La Unión Europea ha regulado la inteligencia artificial, estableciendo un marco jurídico integral en su nueva ley de marzo de 2024. Declara que lo que busca es que se respeten los derechos fundamentales, la seguridad y los principios éticos que defendemos los europeos —de libertad, igualdad, transparencia y beneficencia—, al tiempo que impulsa el desarrollo de una inteligencia artificial fiable. Pone el foco en la llamada *inteligencia artificial de propósito general,* la cual incluye aprendizaje automático y puede ejecutar e incluso adaptar innumerables tareas completamente diferentes. En relación con ella, la ley introduce obligaciones de transparencia que permitan una mejor comprensión de las decisiones que toma, y obligaciones adicionales que incluyen la autoevaluación y eliminación de riesgos sistemáticos, la notificación de incidentes graves, la realización de pruebas y evaluaciones de modelos, así como requisitos de ciberseguridad.

A mi parecer, la ley es tan ingenua como su punto de partida. Entiende que la inteligencia artificial está formada por datos, información, herramientas y aplicaciones, con el objetivo de mejorar los recursos, capacidades y resultados de las personas. Y lo que da por supuesto es que la inteligencia artificial no reemplazará a los humanos, sino que los asistirá, facilitando y aportando valor a las actividades humanas. Se piensa en una inteligencia artificial siempre supervisada por humanos, y por esta razón es a ellos, y no a las máquinas, a los que se reclama rendición de cuentas, responsabilidad y respeto a los principios morales. Pero quien defiende todo esto no entiende lo más importante del proyecto de IA en el que Turing nos embarcó: que su objetivo es el de conseguir máquinas que se comporten como humanos, hasta el punto de que la distinción entre ellas y nosotros deje de tener interés.

NUESTRA RESPONSABILIDAD ANTE LA INTELIGENCIA ARTIFICIAL

La Ley Europea de Inteligencia Artificial clasifica las aplicaciones en cuatro categorías de riesgo: inaceptable, alto, limitado y mínimo. Se prohíben directamente las aplicaciones y sistemas considerados de riesgo inaceptable. En concreto: los que despliegan técnicas subliminales con el objetivo de distorsionar el comportamiento; los que exploten vulnerabilidades de un grupo específico de personas por su edad, discapacidad o situación social o económica; los que elaboren perfiles de personas según su comportamiento, creando un baremo social; la identificación biométrica en tiempo real en lugares accesibles al público por parte de las fuerzas y cuerpos de seguridad, excepto en los casos de búsqueda de víctimas potenciales de delitos, prevención de amenazas sobre infraestructuras críticas o personas, prevención de ataques terroristas y persecución de crímenes punibles con más de cinco años de privación de la libertad.

Se consideran sistemas de alto riesgo los que realizan perfiles de las personas, esto es, cuando hay un tratamiento automatizado de datos personales para evaluar distintos aspectos de la vida, como la salud, el rendimiento laboral, el comportamiento o los movimientos. Están sujetos a requisitos legales específicos: deben contar con un sistema de gestión de riesgos, con una gobernanza y gestión de datos, con documentación técnica actualizada, registro de actividad del sistema, información a los usuarios sobre las capacidades del sistema, y con una continua supervisión humana con el fin de evitar los riesgos para la salud, la seguridad y los derechos fundamentales. Las aplicaciones de riesgo limitado y mínimo quedan sin regular.

Para los proveedores se establecen distintas obligaciones: un sistema de gestión de calidad, custodia de los registros que estén bajo su control, notificación de incumplimientos y riesgos que se detecten, colaboración con las autoridades cuando sea necesario.

En Estados Unidos el enfoque legislativo es completamente distinto. Hay un marco integral para la regulación que persigue dos objetivos: el fomento de la innovación tecnológica y la salvaguarda de la privacidad y las libertades civiles. Sin embargo, no hay una legislación federal y para reducir las constricciones legales se deja que los Estados elaboren la normativa que consideren más oportuna, adaptándola a las necesidades y circunstancias concretas sin perder el objetivo último, que es el de la continua innovación tecnológica. Por otro lado, China tiene desde 2023 un marco regulatorio integral, que se centra en aplicaciones específicas de inteligencia artificial. Su objetivo es el de mantener el control estatal sobre el uso y desarrollo de la inteligencia artificial, además de fomentar una expansión y mejora de la competitividad de las empresas chinas en el ámbito internacional. El enfoque estratégico de la normativa china responde a la estrategia gubernamental de convertirse en líder mundial en inteligencia artificial en el año 2030.

Una simple mirada a las tres legislaciones permite reconocer tres concepciones distintas de lo que es y lo que supone la IA. Fiel a su tradición humanista, Europa se preocupa por que los humanos no perdamos el control y la IA esté siempre al servicio de nuestros proyectos de vida, y no a la inversa. Estados Unidos se preocupa por mantener el liderazgo en innovación tecnológica y hacerlo compatible con el ejercicio de las libertades civiles. Y la preocupación de China no pasa ni por la defensa del humanismo ni por la defensa de las libertades, sino por la conquista del liderazgo tecnológico en IA, considerada el «arma definitiva» para la obtención del control económico y político del mundo.

Pienso que quien mejor ha entendido las implicaciones del proyecto de Turing desde el final de la Segunda Guerra Mundial es Estados Unidos. Digámoslo con toda claridad: el proyecto no tiene por objetivo crear máquinas que faciliten las tareas de los humanos, sino crear máquinas que se comporten exactamente como los humanos. No se trata de construir sofisticadas herramientas humanoides para hacer más cómoda nuestra vida, sino de construir máquinas que sustituyan a los humanos e incluso los superen en lo que se considera un nuevo estadio evolutivo de la humanidad. Todavía no hemos llegado a este punto, pero llegaremos. Y cuando lo hagamos, echaremos la vista atrás y nos reiremos con condescendencia de la ingenua regulación europea sobre IA del año 2024.

FASCINACIÓN POR LOS AUTÓMATAS

Viene de lejos la fascinación que tenemos los humanos por crear máquinas que se asemejen a nosotros. Desde la Antigüedad, el trabajo de artesanos, inventores, matemáticos y, posteriormente, científicos, logró complejos artefactos que simulaban el comportamiento humano mediante intrincados mecanismos. En Egipto se manipulaban algunas estatuas de dioses con el fin de infundir temor y respeto a los que las admiraban. Desde el siglo III a. C. se desarrolló en Alejandría una escuela de matemáticos e inventores dedicada a imitar los movimientos de los seres vivos con palancas, ejes, ruedas, poleas y tornillos. A Arquitas de Tarento, que vivió entre el año 430 a. C. y el 360 a. C., se le atribuye la invención del tornillo y la construcción de una paloma que podía volar. A Arquímedes (287 a. C.-212 a. C.) le debemos los fundamentos de la hidrostática, la explicación del principio de la palanca, la invención de la catapulta y otros artilugios de guerra y asedio, así como la invención del tornillo que lleva su nombre. Estos conocimientos fueron aprovechados por Herón de Alejandría, ya en el siglo I d. C., para escribir varias obras de mecánica donde explica la construcción de artilugios como aves volando o bebiendo agua, estatuas sirviendo vino, o puertas que se abren al acercarse a ellas.

Buena parte de los inventos de Herón de Alejandría, junto con otros muchos, se recogen en el *Libro de mecanismos ingeniosos,* escrito por los tres hermanos Banū Mūsā en el siglo IX por encargo del califa Al-Mamún. Dentro del mundo árabe, Al Jazarí se considera uno de los inventores más importantes de la historia de la tecnología por describir en *El libro del conocimiento de dispositivos mecánicos ingeniosos* la construcción de relojes, bombas de agua, árboles de levas, bielas, cigüeñales, y un buen número de autómatas impulsados por agua.

A Leonardo da Vinci se le atribuye el diseño de dos autómatas. El primero, de 1495, tenía forma humana y podía mover los brazos, la cabeza y sentarse. El segundo, de 1515, era un león que podía moverse de una habitación a otra. Pero es en el siglo XVIII cuando el arte de la relojería y la mecánica alcanza su esplendor. Pierre Jaquet-Droz fue el responsable de los tres autómatas más famosos del momento, que hoy se conservan en el Musée d'Art et d'Histoire de Neuchâtel, en Suiza: la pianista es una mujer compuesta por más de dos mil quinientas piezas, que toca el órgano pulsando las teclas con sus dedos y dirigiendo sus ojos a una parte u otra del teclado; el dibujante es un niño sentado en un pupitre compuesto por más de dos mil piezas, que realiza hasta cuatro dibujos distintos moviendo los ojos, las manos y soplando el papel; el escritor es otro niño de más de seis mil piezas, que escribe pequeños textos ejecutando movimientos como mojar la pluma, mover las manos al tiempo que escribe o seguir con los ojos la pluma.

Figura 3. Los autómatas de Jaquet-Droz, en el Musée d'Art et d'Histoire de Neuchâtel (MahN). Gentileza de Tourisme neuchâtelois.

Estos mecanismos ingeniosos eran admirados por todos, pero no se les atribuía pensamiento, entre otras cosas porque el pensamiento se consideraba exclusivo de la mente o del alma. Fue Turing el que nos hizo comprender que el comportamiento humano, el pensamiento, la conciencia, la autoconciencia o los sentimientos no surgen a partir del ensamblaje de partes de materia, engranajes, rotores o poleas, sino que emergen de procesos cerebrales, neurológicos y nerviosos, que a su vez emergen de algoritmos recursivos. En los humanos, los animales y las plantas estos algoritmos operan en una materia biológica hecha de carbono. Pero los mismos algoritmos podrían operar y producir efectos similares en otro tipo de materia, por ejemplo, en una materia hecha de silicio, como la de los microchips. Al fin y al cabo, podríamos decir irónicamente, el carbono y el silicio pertenecen al mismo grupo de la tabla periódica.

Todas las criaturas

Hoy los autómatas han sido sustituidos por robots humanoides impulsados por sistemas de inteligencia artificial generativa, capaces de desarrollar secuencias de acciones a largo plazo y realizar planes complejos relacionados con distintas tareas y entornos. Han pasado de realizar simples comportamientos preprogramados a complejas interacciones con los humanos, que les sirven para aprender, adaptarse y adelantarse a las demandas. La reciente integración de sistemas LLM (Large Language Model; modelos lingüísticos grandes, como el utilizado por ChatGPT) no solo proporcionan una mejor relación entre humanos y robots, sino que son una excelente estrategia para mejorar las decisiones y la resolución de problemas por parte de los robots, así como la acumulación y análisis de experiencias entre ellos de forma instantánea, permitiendo el *aprendizaje compartido*. No solo utilizan sus experiencias y su enorme acumulación de datos, sino que aprovechan en tiempo real lo aprendido por otros congéneres.

Todo ello está haciendo que dejemos de considerarlos como meras herramientas tecnológicas. Su capacidad para desenvolverse con soltura en situaciones complejas y cambiantes, demostrando comportamientos, expresiones y capacidades cada vez más próximas a las humanas, nos obliga a reconsiderar qué significa interactuar con una máquina. Un claro ejemplo son los robots de asistencia y compañía, utilizados en la que hoy es la sociedad más robotizada, Japón, para el tratamiento de niños autistas, para asistir y acompañar a personas mayores o para ayudar a cualquier usuario en tareas relacionadas con la educación, la salud, o en gestiones con las administraciones públicas. Los beneficios en la mejora del bienestar social y emocional son destacados tanto por los usuarios como por las investigaciones más recientes. A partir de aquí se entiende que el informe publicado por Goldman Sachs en el año 2022 sobre el desarrollo de robots humanoides prevea un mercado de ciento cincuenta y cuatro mil millones de dólares para 2035. Tesla, Figure, Sanctuary AI, Unitree y Agility Robotics han anunciado la próxima comercialización de sus robots humanoides.

Pero pensemos no solo en robots humanoides, sino también en humanos robóticos. Nos relacionaremos con robots humanoides en el trabajo, en el ocio, en actividades vinculadas al cuidado de niños, de personas mayores o dependientes, en los hospitales, en las consultas médicas y psicológicas, en las instituciones educativas, en las distintas administraciones gubernamentales, etc. Pero también nos relacionaremos con seres híbridos entre humanos y máquinas. Me refiero a los cíborgs, que resultarán del uso intensivo de tecnologías biológicas y médicas de *restauración* y *mejora*. Las tecnologías de restauración se encargarán de sustituir órganos y partes del cuerpo humano defectuosas o enfermas por otras artificiales potenciadas por IA. Podremos reemplazar los ojos, el corazón, el riñón, los pulmones, un brazo, una pierna o incluso partes del cerebro, por componentes computarizados que quedarán integrados en el cuerpo biológico y desarrollarán los mismos comportamientos y funciones que los órganos y partes sustituidas. Por otro lado, las tecnologías de mejora permitirán reemplazar partes del cuerpo sanas y funcionales por otras artificiales que mejorarán el comportamiento y el rendimiento de las sustituidas, e incluso podrán incorporar nuevas y variadas funcionalidades. Por ejemplo, la nanotecnología aplicada a la computación permitirá desarrollar nuevos materiales para la fabricación de prótesis auditivas con las que superar los umbrales de audición, haciendo posible la percepción de sonidos hasta ahora imperceptibles para los seres humanos. De la misma manera, la sustitución de ojos biológicos por ojos biónicos ampliará nuestro espectro visible, percibiendo una nueva paleta de colores más allá de los infrarrojos y los ultravioletas. También serán posibles los injertos de nuevas extremidades, que permitirán ampliar la variedad de nuestros movimientos. Y algo que hoy comienza a ser una realidad: el implante de chips biónicos en el cerebro con una permanente conexión a la red para una comunicación instantánea con otras mentes y con distintos dispositivos inteligentes.

Aunque la legislación europea apueste decididamente por seguir manteniendo las fronteras entre humanos y máquinas y el ideal de humanidad defendido por Europa desde la modernidad y la Ilustración, lo cierto es que no hay ninguna posibilidad de frenar el desarrollo tecnológico. El proyecto de Turing de construcción de una inteligencia artificial seguirá en marcha hasta sus últimas consecuencias, porque por más restricciones morales y legales que pongan las instituciones o los Estados, siempre habrá dos jóvenes escondidos en algún garaje de algún rincón del mundo intentando explorar todas las posibilidades que ofrecen las máquinas IA. Como decía Ortega y Gasset hace ahora cien años, si hay algo que caracteriza a los humanos es que ni nos resignamos ni asumimos las limitaciones que nos impone nuestra naturaleza o nuestra situación. Y porque no nos resignamos hemos desarrollado la tecnología, que nos permite cambiar el mundo y cambiarnos a nosotros mismos para aumentar nuestro bienestar y sacar adelante nuestros proyectos de vida.

En un mundo poblado de humanos, pero también de máquinas IA, robots humanoides, humanos robóticos, cíborgs restaurados, cíborgs mejorados, y seres fabulosos y espantosos surgidos de la mezcla de naturaleza y artificio tecnológico, nos veremos obligados a cambiar la concepción de lo que significa ser humano. No tiene sentido calcular cuánta tecnología y artefactos biónicos es capaz de asimilar un humano antes de perder su auténtico ser. Y tampoco tiene sentido calcular qué nivel de recursión debe tener un sistema computable IA para que le podamos atribuir características humanas. Tendremos que aprender a definir lo humano de otra manera, sin esencias mágicas, sino más bien, como nos enseñó Turing, atendiendo al comportamiento de la diversidad de criaturas con las que conviviremos. También a ellas habrá que señalarlas con el dedo y exigirles rendición de cuentas, responsabilidad y respeto a los principios morales compartidos.

Hoy en Europa todavía se respira un aire de nostalgia. Volvemos la vista atrás, a aquellos años de modernidad, ilustración y humanismo, buscando recuperar la auténtica esencia de lo humano en aquel mundo pretecnológico, olvidando que si algo nos caracteriza es, precisamente, no tener esencia, ser desde siempre nada, una entidad infinitamente plástica de la que se puede hacer lo que se quiera. Si queremos avanzar y no quedarnos atrapados en el fatalismo masoquista con el que disfrutan buena parte de los intelectuales de nuestra época, tenemos que pensar que no somos seres especiales ni estamos en el centro de la creación, y que puede haber otros como nosotros. A partir de aquí, debiéramos desarrollar una relación con la tecnología que no se entienda desde el control, como hacen las actuales leyes sobre IA, sino desde las posibilidades que pueden surgir cuando ampliamos el concepto de humanidad.

En definitiva, lo que quiero decir es que, cuando de los algoritmos recursivos en carbono o en silicio emerjan otras criaturas, no olvidemos que todas ellas son nosotros. Tantos episodios de exclusión (de las mujeres, los negros, las personas con discapacidad, los diferentes...) acumulados a lo largo de la historia nos han enseñado que no hay un *ser humano,* sino solo un *devenir humano.*

Este libro se terminó de imprimir
en el mes de noviembre de 2025,
en los talleres Kadmos, en Salamanca.

La edición consta de 1500 ejemplares.

La tipografía utilizada es Simoncini Garamond
y el papel Coral Book Ivory de 80 gramos.

© 2025 Plaza y Valdés Editores